Roberto Tartaglione

Verbissimo

TUTTI I VERBI ITALIANI

ALMA Edizioni - Firenze

Copyright Alma Edizioni
Ultima ristampa: aprile 2007

Alma Edizioni
50129 Firenze
viale dei Cadorna, 44
tel +39 055476644
fax +39 055473531
info@almaedizioni.it
www.almaedizioni.it

Printed in Italy
la Cittadina, azienda grafica - Gianico (BS)
www.lacittadina.it

INTRODUZIONE

Questo manuale sulla coniugazione dei verbi irregolari in italiano è diviso in tre sezioni.

LA PRIMA SEZIONE COMPRENDE I MODELLI DI CONIUGAZIONE: qui troviamo le coniugazioni di tre **verbi regolari in -are, -ere, -ire** (modelli: *amare, credere, seguire*), dei **verbi in -ire con la caratteristica in -isco** (modello: *finire*), delle grandi **famiglie di verbi irregolari caratterizzate da una analoga terminazione** (per esempio verbi in -igere, in -primere, in -suadere, in -sumere ecc.) e infine, in ordine alfabetico, le coniugazioni **di verbi irregolari che hanno una coniugazione propria e autonoma** (come *andare, morire, udire*), oppure che sono **rappresentanti di un'intera famiglia** che segue lo stesso tipo di coniugazione (per esempio *trarre*, che è il rappresentante di un certo numero di composti *come astrarre, contrarre, protrarre*; oppure *vedere*, che ha la stessa coniugazione di *provvedere* e *rivedere*).
La coniugazione di tutti questi verbi è resa graficamente in modo che tutte le forme "irregolari", evidenziate dal carattere neretto, siano immediatamente visibili.

LA SECONDA SEZIONE COMPRENDE UNA SERIE DI NOTE: qui sono indicate le **caratteristiche particolari del verbo modello** o dell'intera famiglia rappresentata da quel verbo; ma qui sono indicate anche **le caratteristiche dei singoli verbi che pur appartenendo a una determinata famiglia hanno poi qualche specificità che in qualche modo li discosta dal verbo modello.**

LA TERZA SEZIONE COMPRENDE LA LISTA DEI VERBI IRREGOLARI (e alcuni verbi regolari ad alta frequenza d'uso): questa lista dovrebbe essere il punto di partenza per la ricerca delle forme verbali che ci interessano. Qualora avessimo la necessità di conoscere la coniugazione di un nuovo verbo dovremmo cercarlo in questa sezione: se il verbo è assente si tratta di un verbo regolare e quindi, per la coniugazione, dovremo rifarci ai normali modelli delle tre coniugazioni in -are, -ere, -ire.
La lista della terza sezione comprende **l'infinito del verbo in questione** (per esempio *soddisfare*); una eventuale **nota** che rimanda alla pagina della seconda sezione in cui su questo verbo si segnalano particolarità rispetto al modello (per esempio nella nota su *soddisfare* troveremo che si può coniugare sia come composto di fare, "io soddisfaccio", sia come verbo regolare in -are, "io soddisfo"). Nella colonna a fianco si trova la **pagina con il rimando al verbo modello** (nel caso di *soddisfare* troveremo il rimando alla coniugazione di *fare*). Nell'ultima colonna viene segnalato **l'ausiliare** (*essere, avere* oppure *essere/avere* quando entrambi gli ausiliari possono reggere quel determinato ver-

bo): la segnalazione dell'ausiliare vuole essere solo un'indicazione rivolta agli studenti di italiano di livello elementare e medio. Nel caso di persone che abbiano una competenza linguistica già molto elevata suggeriamo prudenza nell'adottare l'uno o l'altro ausiliare perché in alcuni casi la scelta comporta conseguenze importanti non solo dal punto di vista grammaticale ma talora anche da quello semantico: la forma *ho dovuto andare*, ad esempio, pur tollerata dalla grammatica, caratterizza un atteggiamento del parlante diverso da chi dice *sono dovuto andare*. Per i casi meno complessi nelle note si trova comunque anche qualche esempio chiarificatore (*sono salito sulla montagna, ho salito le scale*).

I verbi riflessivi irregolari sono presenti nella lista solo quando la forma non-riflessiva non è presente nel vocabolario italiano: non esiste il verbo *accorgere* ma esclusivamente *accorgersi*. Negli altri casi abbiamo indicato nelle note la maggior frequenza d'uso di un determinato verbo nella forma riflessiva (per esempio esiste il verbo *sedere* che fra l'altro ha l'ausiliare *avere*. Ma è certamente più frequente *sedersi* che, come riflessivo usa l'ausiliare *essere*).

Cercare il verbo **provvedere** nella lista della terza sezione

Il verbo provvedere è irregolare. A pagina 122 c'è una nota importante che riguarda questo verbo.
Per trovare la coniugazione devo andare a pagina 108 dove troverò il verbo modello di coniugazione cioè vedere (attenzione però alla nota a pag. 122). L'ausiliare di **provvedere** è avere.

LISTA DEI VERBI ITALIANI

verbo (note pag)	modello	pag	ausiliare
provvedere (122)	vedere	108	avere
prudere (113)	credere	6	_
pulire	finire	8	avere

INDICATIVO

	● presente	● imperfetto	● futuro	● passato remoto
io	amo	amavo	amerò	amai
tu	ami	amavi	amerai	amasti
lui	ama	amava	amerà	amò
noi	amiamo	amavamo	ameremo	amammo
voi	amate	amavate	amerete	amaste
loro	amano	amavano	ameranno	amarono
	● passato prossimo	● trapassato prossimo	● futuro anteriore	● trapassato remoto
io	ho amato	avevo amato	avrò amato	ebbi amato
tu	hai amato	avevi amato	avrai amato	avesti amato
lui	ha amato	aveva amato	avrà amato	ebbe amato
noi	abbiamo amato	avevamo amato	avremo amato	avemmo amato
voi	avete amato	avevate amato	avrete amato	aveste amato
loro	hanno amato	avevano amato	avranno amato	ebbero amato

CONGIUNTIVO

	● presente	● imperfetto
io	ami	amassi
tu	ami	amassi
lui	ami	amasse
noi	amiamo	amassimo
voi	amiate	amaste
loro	amino	amasssero
	● passato	● trapassato
io	abbia amato	avessi amato
tu	abbia amato	avessi amato
lui	abbia amato	avesse amato
noi	abbiamo amato	avessimo amato
voi	abbiate amato	aveste amato
loro	abbiano amato	avessero amato

CONDIZIONALE

	● semplice
io	amerei
tu	ameresti
lui	amerebbe
noi	ameremmo
voi	amereste
loro	amerebbero
	● composto
io	avrei amato
tu	avresti amato
lui	avrebbe amato
noi	avremmo amato
voi	avreste amato
loro	avrebbero amato

NOTE A PAG.113

AMARE

IMPERATIVO

tu	ama
lui	ami
noi	amiamo
voi	amate
loro	amino

GERUNDIO

● semplice

amando

● composto

avendo amato

PARTICIPIO

● presente

amante

● passato

amato

CREDERE

NOTE A
PAG. 113

INDICATIVO

	● presente	● imperfetto	● futuro	● passato remoto
io	credo	credevo	crederò	credetti/credei
tu	credi	credevi	crederai	credesti
lui	crede	credeva	crederà	credette/credé
noi	crediamo	credevamo	crederemo	credemmo
voi	credete	credevate	crederete	credeste
loro	credono	credevano	crederanno	credettero/crederono

	● passato prossimo	● trapassato prossimo	● futuro anteriore	● trapassato remoto
io	ho creduto	avevo creduto	avrò creduto	ebbi creduto
tu	hai creduto	avevi creduto	avrai creduto	avesti creduto
lui	ha creduto	aveva creduto	avrà creduto	ebbe creduto
noi	abbiamo creduto	avevamo creduto	avremo creduto	avemmo creduto
voi	avete creduto	avevate creduto	avrete creduto	aveste creduto
loro	hanno creduto	avevano creduto	avranno creduto	ebbero creduto

CONGIUNTIVO

	● presente	● imperfetto
io	creda	credessi
tu	creda	credessi
lui	creda	credesse
noi	crediamo	credessimo
voi	crediate	credeste
loro	credano	credessero

	● passato	● trapassato
io	abbia creduto	avessi creduto
tu	abbia creduto	avessi creduto
lui	abbia creduto	avesse creduto
noi	abbiamo creduto	avessimo creduto
voi	abbiate creduto	aveste creduto
loro	abbiano creduto	avessero creduto

CONDIZIONALE

	● semplice
io	crederei
tu	crederesti
lui	crederebbe
noi	crederemmo
voi	credereste
loro	crederebbero

	● composto
io	avrei creduto
tu	avresti creduto
lui	avrebbe creduto
noi	avremmo creduto
voi	avreste creduto
loro	avrebbero creduto

IMPERATIVO

tu	credi
lui	creda
noi	crediamo
voi	credete
loro	credano

GERUNDIO

● semplice

credendo

● composto

avendo creduto

PARTICIPIO

● presente

credente

● passato

creduto

INDICATIVO

	● presente	● imperfetto	● futuro	● passato remoto
io	seguo	seguivo	seguirò	seguii
tu	segui	seguivi	seguirai	seguisti
lui	segue	seguiva	seguirà	seguì
noi	seguiamo	seguvamo	seguiremo	seguimmo
voi	seguite	seguivate	seguirete	seguiste
loro	seguono	seguivano	seguiranno	seguirono
	● passato prossimo	● trapassato prossimo	● futuro anteriore	● trapassato remoto
io	ho seguito	avevo seguito	avrò seguito	ebbi seguito
tu	hai seguito	avevi seguito	avrai seguito	avesti seguito
lui	ha seguito	aveva seguito	avrà seguito	ebbe seguito
noi	abbiamo seguito	avevamo seguito	avremo seguito	avemmo seguito
voi	avete seguito	avevate seguito	avrete seguito	aveste seguito
loro	hanno seguito	avevano seguito	avranno seguito	ebbero seguito

CONGIUNTIVO

	● presente	● imperfetto
io	segua	seguissi
tu	segua	seguissi
lui	segua	seguisse
noi	seguiamo	seguissimo
voi	seguiate	seguiste
loro	seguano	seguissero
	● passato	● trapassato
io	abbia seguito	avessi seguito
tu	abbia seguito	avessi seguito
lui	abbia seguito	avesse seguito
noi	abbiamo seguito	avessimo seguito
voi	abbiate seguito	aveste seguito
loro	abbiano seguito	avessero seguito

CONDIZIONALE

	● semplice
io	seguirei
tu	seguiresti
lui	seguirebbe
noi	seguiremmo
voi	seguireste
loro	seguirebbero
	● composto
io	avrei seguito
tu	avresti seguito
lui	avrebbe seguito
noi	avremmo seguito
voi	avreste seguito
loro	avrebbero seguito

NOTE A PAG.113

SEGUIRE

IMPERATIVO

tu	segui
lui	segua
noi	seguiamo
voi	seguite
loro	seguano

GERUNDIO

● semplice
seguendo

● composto
avendo seguito

PARTICIPIO

● presente
seguente

● passato
seguito

FINIRE

FINIRE

INDICATIVO

	● presente	● imperfetto	● futuro	● passato remoto
io	finisco	finivo	finirò	finii
tu	finisci	finivi	finirai	finisti
lui	finisce	finiva	finirà	finì
noi	finiamo	finivamo	finiremo	finimmo
voi	finite	finivate	finirete	finiste
loro	finiscono	finivano	finiranno	finirono
	● passato prossimo	● trapassato prossimo	● futuro anteriore	● trapassato remoto
io	ho finito	avevo finito	avrò finito	ebbi finito
tu	hai finito	avevi finito	avrai finito	avesti finito
lui	ha finito	aveva finito	avrà finito	ebbe finito
noi	abbiamo finito	avevamo finito	avremo finito	avemmo finito
voi	avete finito	avevate finito	avrete finito	aveste finito
loro	hanno finito	avevano finito	avranno finito	ebbero finito

CONGIUNTIVO

CONDIZIONALE

	● presente	● imperfetto	● semplice
io	finisca	finissi	finirei
tu	finisca	finissi	finiresti
lui	finisca	finisse	finirebbe
noi	finiamo	finissimo	finiremmo
voi	finiate	finiste	finireste
loro	finiscano	finissero	finirebbero
	● passato	● trapassato	● composto
io	abbia finito	avessi finito	avrei finito
tu	abbia finito	avessi finito	avresti finito
lui	abbia finito	avesse finito	avrebbe finito
noi	abbiamo finito	avessimo finito	avremmo finito
voi	abbiate finito	aveste finito	avreste finito
loro	abbiano finito	avessero finito	avrebbero finito

NOTE A PAG. 113

IMPERATIVO

tu	finisci
lui	finisca
noi	finiamo
voi	finite
loro	finiscano

GERUNDIO

● semplice

finendo

● composto

avendo finito

PARTICIPIO

● presente

finente

● passato

finito

INDICATIVO

	● presente	● imperfetto	● futuro	● passato remoto
io	gioco	giocavo	**giocherò**	giocai
tu	**giochi**	giocavi	**giocherai**	giocasti
lui	gioca	giocava	**giocherà**	giocò
noi	**giochiamo**	giocavamo	**giocheremo**	giocammo
voi	giocate	giocavate	**giocherete**	giocaste
loro	giocano	giocavano	**giocheranno**	giocarono

	● passato prossimo	● trapassato prossimo	● futuro anteriore	● trapassato remoto
io	ho giocato	avevo giocato	avrò giocato	ebbi giocato
tu	hai giocato	avevi giocato	avrai giocato	avesti giocato
lui	ha giocato	aveva giocato	avrà giocato	ebbe giocato
noi	abbiamo giocato	avevamo giocato	avremo giocato	avemmo giocato
voi	avete giocato	avevate giocato	avrete giocato	aveste giocato
loro	hanno giocato	avevano giocato	avranno giocato	ebbero giocato

CONGIUNTIVO

	● presente	● imperfetto
io	**giochi**	giocassi
tu	**giochi**	giocassi
lui	**giochi**	giocasse
noi	**giochiamo**	giocassimo
voi	**giochiate**	giocaste
loro	**giochino**	giocassero

	● passato	● trapassato
io	abbia giocato	avessi giocato
tu	abbia giocato	avessi giocato
lui	abbia giocato	avesse giocato
noi	abbiamo giocato	avessimo giocato
voi	abbiate giocato	aveste giocato
loro	abbiano giocato	avessero giocato

CONDIZIONALE

	● semplice
io	**giocherei**
tu	**giocheresti**
lui	**giocherebbe**
noi	**giocheremmo**
voi	**giochereste**
loro	**giocherebbero**

	● composto
io	avrei giocato
tu	avresti giocato
lui	avrebbe giocato
noi	avremmo giocato
voi	avreste giocato
loro	avrebbero giocato

NOTE A PAG.113

GIOCARE

IMPERATIVO

tu	gioca
lui	**giochi**
noi	**giochiamo**
voi	giocate
loro	**giochino**

GERUNDIO

● semplice

giocando

● composto

avendo giocato

PARTICIPIO

● presente

giocante

● passato

giocato

INDICATIVO

	● presente	● imperfetto	● futuro	● passato remoto
io	rido	ridevo	riderò	**risi**
tu	ridi	ridevi	riderai	ridesti
lui	ride	rideva	riderà	**rise**
noi	ridiamo	ridevamo	rideremo	ridemmo
voi	ridete	ridevate	riderete	rideste
loro	ridono	ridevano	rideranno	**risero**
	● passato prossimo	● trapassato prossimo	● futuro anteriore	● trapassato remoto
io	ho **riso**	avevo **riso**	avrò **riso**	ebbi **riso**
tu	hai **riso**	avevi **riso**	avrai **riso**	avesti **riso**
lui	ha **riso**	aveva **riso**	avrà **riso**	ebbe **riso**
noi	abbiamo **riso**	avevamo **riso**	avremo **riso**	avemmo **riso**
voi	avete **riso**	avevate **riso**	avrete **riso**	aveste **riso**
loro	hanno **riso**	avevano **riso**	avranno **riso**	ebbero **riso**

RIDERE

CONGIUNTIVO — CONDIZIONALE

	● presente	● imperfetto	● semplice
io	rida	ridessi	riderei
tu	rida	ridessi	rideresti
lui	rida	ridesse	riderebbe
noi	ridiamo	ridessimo	rideremmo
voi	ridiate	rideste	ridereste
loro	ridano	ridessero	riderebbero
	● passato	● trapassato	● composto
io	abbia **riso**	avessi **riso**	avrei **riso**
tu	abbia **riso**	avessi **riso**	avresti **riso**
lui	abbia **riso**	avesse **riso**	avrebbe **riso**
noi	abbiamo **riso**	avessimo **riso**	avremmo **riso**
voi	abbiate **riso**	aveste **riso**	avreste **riso**
loro	abbiano **riso**	avessero **riso**	avrebbero **riso**

NOTE A
PAG. 113

IMPERATIVO — GERUNDIO — PARTICIPIO

	IMPERATIVO
tu	ridi
lui	rida
noi	ridiamo
voi	ridete
loro	ridano

GERUNDIO

● semplice

ridendo

● composto

avendo **riso**

PARTICIPIO

● presente

ridente

● passato

riso

INDICATIVO

	● presente	● imperfetto	● futuro	● passato remoto
io	adduco	adducevo	addurrò	addussi
tu	adduci	adducevi	addurrai	adducesti
lui	adduce	adduceva	addurrà	addusse
noi	adduciamo	adducevamo	addurremo	adducemmo
voi	adducete	adducevate	addurrete	adduceste
loro	adducono	adducevano	addurranno	addussero
	● passato prossimo	● trapassato prossimo	● futuro anteriore	● trapassato remoto
io	ho addotto	avevo addotto	avrò addotto	ebbi addotto
tu	hai addotto	avevi addotto	avrai addotto	avesti addotto
lui	ha addotto	aveva addotto	avrà addotto	ebbe addotto
noi	abbiamo addotto	avevamo addotto	avremo addotto	avemmo addotto
voi	avete addotto	avevate addotto	avrete addotto	aveste addotto
loro	hanno addotto	avevano addotto	avranno addotto	ebbero addotto

CONGIUNTIVO

	● presente	● imperfetto
io	adduca	adducessi
tu	adduca	adducessi
lui	adduca	adducesse
noi	adduciamo	adducessimo
voi	adduciate	adduceste
loro	adducano	adducessero
	● passato	● trapassato
io	abbia addotto	avessi addotto
tu	abbia addotto	avessi addotto
lui	abbia addotto	avesse addotto
noi	abbiamo addotto	avessimo addotto
voi	abbiate addotto	aveste addotto
loro	abbiano addotto	avessero addotto

CONDIZIONALE

	● semplice
io	addurrei
tu	addurresti
lui	addurrebbe
noi	addurremmo
voi	addurreste
loro	addurrebbero
	● composto
io	avrei addotto
tu	avresti addotto
lui	avrebbe addotto
noi	avremmo addotto
voi	avreste addotto
loro	avrebbero addotto

NOTE A
PAG.114

ADDURRE

IMPERATIVO

tu	adduci
lui	adduca
noi	adduciamo
voi	adducete
loro	adducano

GERUNDIO

● semplice

adducendo

● composto

avendo addotto

PARTICIPIO

● presente

adducente

● passato

addotto

comprendere

~ ENDERE (SPENDERE)

INDICATIVO

	● presente	● imperfetto	● futuro	● passato remoto
io	spendo	spendevo	spenderò	**spesi**
tu	spendi	spendevi	spenderai	spendesti
lui	spende	spendeva	spenderà	**spese**
noi	spendiamo	spendevamo	spenderemo	spendemmo
voi	spendete	spendevate	spenderete	spendeste
loro	spendono	spendevano	spenderanno	**spesero**
	● passato prossimo	● trapassato prossimo	● futuro anteriore	● trapassato remoto
io	ho **speso**	avevo **speso**	avrò **speso**	ebbi **speso**
tu	hai **speso**	avevi **speso**	avrai **speso**	avesti **speso**
lui	ha **speso**	aveva **speso**	avrà **speso**	ebbe **speso**
noi	abbiamo **speso**	avevamo **speso**	avremo **speso**	avemmo **speso**
voi	avete **speso**	avevate **speso**	avrete **speso**	aveste **speso**
loro	hanno **speso**	avevano **speso**	avranno **speso**	ebbero **speso**

SPENDERE

NOTE A
PAG. 114

CONGIUNTIVO

	● presente	● imperfetto
io	spenda	spendessi
tu	spenda	spendessi
lui	spenda	spendesse
noi	spendiamo	spendessimo
voi	spendiate	spendeste
loro	spendano	spendessero
	● passato	● trapassato
io	abbia **speso**	avessi **speso**
tu	abbia **speso**	avessi **speso**
lui	abbia **speso**	avesse **speso**
noi	abbiamo **speso**	avessimo **speso**
voi	abbiate **speso**	aveste **speso**
loro	abbiano **speso**	avessero **speso**

CONDIZIONALE

● semplice
spenderei
spenderesti
spenderebbe
spenderemmo
spendereste
spenderebbero

● composto
avrei **speso**
avresti **speso**
avrebbe **speso**
avremmo **speso**
avreste **speso**
avrebbero **speso**

IMPERATIVO

tu	spendi
lui	spenda
noi	spendiamo
voi	spendete
loro	spendano

GERUNDIO

● semplice

spendendo

● composto

avendo **speso**

PARTICIPIO

● presente

spendente

● passato

speso

INDICATIVO

	● presente	● imperfetto	● futuro	● passato remoto
io	tergo	tergevo	tergerò	**tersi**
tu	tergi	tergevi	tergerai	tergesti
lui	terge	tergeva	tergerà	**terse**
noi	tergiamo	tergevamo	tergeremo	tergemmo
voi	tergete	tergevate	tergerete	tergeste
loro	tergono	tergevano	tergeranno	**tersero**
	● passato prossimo	● trapassato prossimo	● futuro anteriore	● trapassato remoto
io	ho **terso**	avevo **terso**	avrò **terso**	ebbi **terso**
tu	hai **terso**	avevi **terso**	avrai **terso**	avesti **terso**
lui	ha **terso**	aveva **terso**	avrà **terso**	ebbe **terso**
noi	abbiamo **terso**	avevamo **terso**	avremo **terso**	avemmo **terso**
voi	avete **terso**	avevate **terso**	avrete **terso**	aveste **terso**
loro	hanno **terso**	avevano **terso**	avranno **terso**	ebbero **terso**

CONGIUNTIVO

	● presente	● imperfetto
io	terga	tergessi
tu	terga	tergessi
lui	terga	tergesse
noi	tergiamo	tergessimo
voi	tergiate	tergeste
loro	tergano	tergessero
	● passato	● trapassato
io	abbia **terso**	avessi **terso**
tu	abbia **terso**	avessi **terso**
lui	abbia **terso**	avesse **terso**
noi	abbiamo **terso**	avessimo **terso**
voi	abbiate **terso**	aveste **terso**
loro	abbiano **terso**	avessero **terso**

CONDIZIONALE

	● semplice
io	tergerei
tu	tergeresti
lui	tergerebbe
noi	tergeremmo
voi	tergereste
loro	tergerebbero
	● composto
io	avrei **terso**
tu	avresti **terso**
lui	avrebbe **terso**
noi	avremmo **terso**
voi	avreste **terso**
loro	avrebbero **terso**

NOTE A
PAG.114

TERGERE

IMPERATIVO

tu	tergi
lui	terga
noi	tergiamo
voi	tergete
loro	tergano

GERUNDIO

● semplice

tergendo

● composto

avendo **terso**

PARTICIPIO

● presente

tergente

● passato

terso

INDICATIVO

	● presente	● imperfetto	● futuro	● passato remoto
io	annetto	annettevo	annetterò	**annessi**
tu	annetti	annettevi	annetterai	annettesti
lui	annette	annetteva	annetterà	**annesse**
noi	annettiamo	annettevamo	annetteremo	annettemmo
voi	annettete	annettevate	annetterete	annetteste
loro	annettono	annettevano	annetteranno	**annessero**
	● passato prossimo	● trapassato prossimo	● futuro anteriore	● trapassato remoto
io	ho **annesso**	avevo **annesso**	avrò **annesso**	ebbi **annesso**
tu	hai **annesso**	avevi **annesso**	avrai **annesso**	avesti **annesso**
lui	ha **annesso**	aveva **annesso**	avrà **annesso**	ebbe **annesso**
noi	abbiamo **annesso**	avevamo **annesso**	avremo **annesso**	avemmo **annesso**
voi	avete **annesso**	avevate **annesso**	avrete **annesso**	aveste **annesso**
loro	hanno **annesso**	avevano **annesso**	avranno **annesso**	ebbero **annesso**

CONGIUNTIVO / CONDIZIONALE

	● presente	● imperfetto	● semplice
io	annetta	annettessi	annetterei
tu	annetta	annettessi	annetteresti
lui	annetta	annettesse	annetterebbe
noi	annettiamo	annettessimo	annetteremmo
voi	annettiate	annetteste	annettereste
loro	annettano	annettessero	annetterebbero
	● passato	● trapassato	● composto
io	abbia **annesso**	avessi **annesso**	avrei **annesso**
tu	abbia **annesso**	avessi **annesso**	avresti **annesso**
lui	abbia **annesso**	avesse **annesso**	avrebbe **annesso**
noi	abbiamo **annesso**	avessimo **annesso**	avremmo **annesso**
voi	abbiate **annesso**	aveste **annesso**	avreste **annesso**
loro	abbiano **annesso**	avessero **annesso**	avrebbero **annesso**

NOTE A PAG. 114

ANNETTERE

IMPERATIVO

tu	annetti
lui	annetta
noi	annettiamo
voi	annettete
loro	annettano

GERUNDIO

● semplice

annettendo

● composto

avendo **annesso**

PARTICIPIO

● presente

(annettente)

● passato

annesso

~ **FIGGERE** (AFFIGGERE)

INDICATIVO

	● presente	● imperfetto	● futuro	● passato remoto
io	affiggo	affiggevo	affiggerò	**affissi**
tu	affiggi	affiggevi	affiggerai	affiggesti
lui	affigge	affiggeva	affiggerà	**affisse**
noi	affiggiamo	affiggevamo	affiggeremo	affiggemmo
voi	affiggete	affiggevate	affiggerete	affiggeste
loro	affiggono	affiggevano	affiggeranno	**affissero**
	● passato prossimo	● trapassato prossimo	● futuro anteriore	● trapassato remoto
io	ho **affisso**	avevo **affisso**	avrò **affisso**	ebbi **affisso**
tu	hai **affisso**	avevi **affisso**	avrai **affisso**	avesti **affisso**
lui	ha **affisso**	aveva **affisso**	avrà **affisso**	ebbe **affisso**
noi	abbiamo **affisso**	avevamo **affisso**	avremo **affisso**	avemmo **affisso**
voi	avete **affisso**	avevate **affisso**	avrete **affisso**	aveste **affisso**
loro	hanno **affisso**	avevano **affisso**	avranno **affisso**	ebbero **affisso**

CONGIUNTIVO

	● presente	● imperfetto
io	affigga	affiggessi
tu	affigga	affiggessi
lui	affigga	affiggesse
noi	affiggiamo	affiggessimo
voi	affiggiate	affiggeste
loro	affiggano	affiggessero
	● passato	● trapassato
io	abbia **affisso**	avessi **affisso**
tu	abbia **affisso**	avessi **affisso**
lui	abbia **affisso**	avesse **affisso**
noi	abbiamo **affisso**	avessimo **affisso**
voi	abbiate **affisso**	aveste **affisso**
loro	abbiano **affisso**	avessero **affisso**

CONDIZIONALE

	● semplice
io	affiggerei
tu	affiggeresti
lui	affiggerebbe
noi	affiggeremmo
voi	affiggereste
loro	affiggerebbero
	● composto
io	avrei **affisso**
tu	avresti **affisso**
lui	avrebbe **affisso**
noi	avremmo **affisso**
voi	avreste **affisso**
loro	avrebbero **affisso**

IMPERATIVO

tu	affiggi
lui	affigga
noi	affiggiamo
voi	affiggete
loro	affiggano

GERUNDIO

● semplice

affiggendo

● composto

avendo **affisso**

PARTICIPIO

● presente

affiggente

● passato

affisso

AFFIGGERE

GIUNGERE

INDICATIVO

	● presente	● imperfetto	● futuro	● passato remoto
io	giungo	giungevo	giungerò	**giunsi**
tu	giungi	giungevi	giungerai	giungesti
lui	giunge	giungeva	giungerà	**giunse**
noi	giungiamo	giungevamo	giungeremo	giungemmo
voi	giungete	giungevate	giungerete	giungeste
loro	giungono	giungevano	giungeranno	**giunsero**
	● passato prossimo	● trapassato prossimo	● futuro anteriore	● trapassato remoto
io	sono **giunto**	ero **giunto**	sarò **giunto**	fui **giunto**
tu	sei **giunto**	eri **giunto**	sarai **giunto**	fosti **giunto**
lui	è **giunto**	era **giunto**	sarà **giunto**	fu **giunto**
noi	siamo **giunti**	eravamo **giunti**	saremo **giunti**	fummo **giunti**
voi	siete **giunti**	eravate **giunti**	sarete **giunti**	foste **giunti**
loro	sono **giunti**	erano **giunti**	saranno **giunti**	furono **giunti**

CONGIUNTIVO

	● presente	● imperfetto
io	giunga	giungessi
tu	giunga	giungessi
lui	giunga	giungesse
noi	giungiamo	giungessimo
voi	giungiate	giungeste
loro	giungano	giungessero
	● passato	● trapassato
io	sia **giunto**	fossi **giunto**
tu	sia **giunto**	fossi **giunto**
lui	sia **giunto**	fosse **giunto**
noi	siamo **giunti**	fossimo **giunti**
voi	siate **giunti**	foste **giunti**
loro	siano **giunti**	fossero **giunti**

CONDIZIONALE

	● semplice
io	giungerei
tu	giungeresti
lui	giungerebbe
noi	giungeremmo
voi	giungereste
loro	giungerebbero
	● composto
io	sarei **giunto**
tu	saresti **giunto**
lui	sarebbe **giunto**
noi	saremmo **giunti**
voi	sareste **giunti**
loro	sarebbero **giunti**

NOTE A PAG. 114

IMPERATIVO

tu	giungi
lui	giunga
noi	giungiamo
voi	giungete
loro	giungano

GERUNDIO

● semplice

giungendo

● composto

essendo **giunto**

PARTICIPIO

● presente

giungente

● passato

giunto

INDICATIVO

	● presente	● imperfetto	● futuro	● passato remoto
io	reggo	reggevo	reggerò	**ressi**
tu	reggi	reggevi	reggerai	reggesti
lui	regge	reggeva	reggerà	**resse**
noi	reggiamo	reggevamo	reggeremo	reggemmo
voi	reggete	reggevate	reggerete	reggeste
loro	reggono	reggevano	reggeranno	**ressero**
	● passato prossimo	● trapassato prossimo	● futuro anteriore	● trapassato remoto
io	ho **retto**	avevo **retto**	avrò **retto**	ebbi **retto**
tu	hai **retto**	avevi **retto**	avrai **retto**	avesti **retto**
lui	ha **retto**	aveva **retto**	avrà **retto**	ebbe **retto**
noi	abbiamo **retto**	avevamo **retto**	avremo **retto**	avemmo **retto**
voi	avete **retto**	avevate **retto**	avrete **retto**	aveste **retto**
loro	hanno **retto**	avevano **retto**	avranno **retto**	ebbero **retto**

CONGIUNTIVO

	● presente	● imperfetto
io	regga	reggessi
tu	regga	reggessi
lui	regga	reggesse
noi	reggiamo	reggessimo
voi	reggiate	reggeste
loro	reggano	reggessero
	● passato	● trapassato
io	abbia **retto**	avessi **retto**
tu	abbia **retto**	avessi **retto**
lui	abbia **retto**	avesse **retto**
noi	abbiamo **retto**	avessimo **retto**
voi	abbiate **retto**	aveste **retto**
loro	abbiano **retto**	avessero **retto**

CONDIZIONALE

	● semplice
io	reggerei
tu	reggeresti
lui	reggerebbe
noi	reggeremmo
voi	reggereste
loro	reggerebbero
	● composto
io	avrei **retto**
tu	avresti **retto**
lui	avrebbe **retto**
noi	avremmo **retto**
voi	avreste **retto**
loro	avrebbero **retto**

IMPERATIVO

tu	reggi
lui	regga
noi	reggiamo
voi	reggete
loro	reggano

GERUNDIO

● semplice

reggendo

● composto

avendo **retto**

PARTICIPIO

● presente

reggente

● passato

retto

REGGERE

COGLIERE

INDICATIVO

	● presente	● imperfetto	● futuro	● passato remoto
io	**colgo**	coglievo	coglierò	**colsi**
tu	**cogli**	coglievi	coglierai	cogliesti
lui	coglie	coglieva	coglierà	**colse**
noi	**cogliamo**	coglievamo	coglieremo	cogliemmo
voi	cogliete	coglievate	coglierete	coglieste
loro	**colgono**	coglievano	coglieranno	**colsero**
	● passato prossimo	● trapassato prossimo	● futuro anteriore	● trapassato remoto
io	ho **colto**	avevo **colto**	avrò **colto**	ebbi **colto**
tu	hai **colto**	avevi **colto**	avrai **colto**	avesti **colto**
lui	ha **colto**	aveva **colto**	avrà **colto**	ebbe **colto**
noi	abbiamo **colto**	avevamo **colto**	avremo **colto**	avemmo **colto**
voi	avete **colto**	avevate **colto**	avrete **colto**	aveste **colto**
loro	hanno **colto**	avevano **colto**	avranno **colto**	ebbero **colto**

CONGIUNTIVO

	● presente	● imperfetto
io	**colga**	cogliessi
tu	**colga**	cogliessi
lui	**colga**	cogliesse
noi	**cogliamo**	cogliessimo
voi	**cogliate**	coglieste
loro	**colgano**	cogliessero
	● passato	● trapassato
io	abbia **colto**	avessi **colto**
tu	abbia **colto**	avessi **colto**
lui	abbia **colto**	avesse **colto**
noi	abbiamo **colto**	avessimo **colto**
voi	abbiate **colto**	aveste **colto**
loro	abbiano **colto**	avessero **colto**

CONDIZIONALE

	● semplice
io	coglierei
tu	coglieresti
lui	coglierebbe
noi	coglieremmo
voi	cogliereste
loro	coglierebbero
	● composto
io	avrei **colto**
tu	avresti **colto**
lui	avrebbe **colto**
noi	avremmo **colto**
voi	avreste **colto**
loro	avrebbero **colto**

IMPERATIVO

tu	cogli
lui	**colga**
noi	cogliamo
voi	cogliete
loro	**colgano**

GERUNDIO

● semplice
cogliendo
● composto
avendo **colto**

PARTICIPIO

● presente
cogliente
● passato
colto

INDICATIVO

	● presente	● imperfetto	● futuro	● passato remoto
io	cambio	cambiavo	cambierò	cambiai
tu	**cambi**	cambiavi	cambierai	cambiasti
lui	cambia	cambiava	cambierà	cambiò
noi	**cambiamo**	cambiavamo	cambieremo	cambiammo
voi	cambiate	cambiavate	cambierete	cambiaste
loro	cambiano	cambiavano	cambieranno	cambiarono
	● passato prossimo	● trapassato prossimo	● futuro anteriore	● trapassato remoto
io	ho cambiato	avevo cambiato	avrò cambiato	ebbi cambiato
tu	hai cambiato	avevi cambiato	avrai cambiato	avesti cambiato
lui	ha cambiato	aveva cambiato	avrà cambiato	ebbe cambiato
noi	abbiamo cambiato	avevamo cambiato	avremo cambiato	avemmo cambiato
voi	avete cambiato	avevate cambiato	avrete cambiato	aveste cambiato
loro	hanno cambiato	avevano cambiato	avranno cambiato	ebbero cambiato

CONGIUNTIVO

	● presente	● imperfetto
io	**cambi**	cambiassi
tu	**cambi**	cambiassi
lui	**cambi**	cambiasse
noi	**cambiamo**	cambiassimo
voi	**cambiate**	cambiaste
loro	**cambino**	cambiassero
	● passato	● trapassato
io	abbia cambiato	avessi cambiato
tu	abbia cambiato	avessi cambiato
lui	abbia cambiato	avesse cambiato
noi	abbiamo cambiato	avessimo cambiato
voi	abbiate cambiato	aveste cambiato
loro	abbiano cambiato	avessero cambiato

CONDIZIONALE

	● semplice
io	cambierei
tu	cambieresti
lui	cambierebbe
noi	cambieremmo
voi	cambiereste
loro	cambierebbero
	● composto
io	avrei cambiato
tu	avresti cambiato
lui	avrebbe cambiato
noi	avremmo cambiato
voi	avreste cambiato
loro	avrebbero cambiato

NOTE A PAG.114

CAMBIARE

IMPERATIVO

tu	cambia
lui	**cambi**
noi	**cambiamo**
voi	cambiate
loro	**cambino**

GERUNDIO

● semplice

cambiando

● composto

avendo cambiato

PARTICIPIO

● presente

cambiante

● passato

cambiato

INDICATIVO

	● presente	● imperfetto	● futuro	● passato remoto
io	scio	sciavo	scierò	sciai
tu	scii	sciavi	scierai	sciasti
lui	scia	sciava	scierà	sciò
noi	**sciamo**	sciavamo	scieremo	sciammo
voi	sciate	sciavate	scierete	sciaste
loro	sciano	sciavano	scieranno	sciarono
	● passato prossimo	● trapassato prossimo	● futuro anteriore	● trapassato remoto
io	ho sciato	avevo sciato	avrò sciato	ebbi sciato
tu	hai sciato	avevi sciato	avrai sciato	avesti sciato
lui	ha sciato	aveva sciato	avrà sciato	ebbe sciato
noi	abbiamo sciato	avevamo sciato	avremo sciato	avemmo sciato
voi	avete sciato	avevate sciato	avrete sciato	aveste sciato
loro	hanno sciato	avevano sciato	avranno sciato	ebbero sciato

SCIARE

CONGIUNTIVO — CONDIZIONALE

	● presente	● imperfetto	● semplice
io	scii	sciassi	scierei
tu	scii	sciassi	scieresti
lui	scii	sciasse	scierebbe
noi	**sciamo**	sciassimo	scieremmo
voi	**sciate**	sciaste	sciereste
loro	sciino	sciassero	scierebbero
	● passato	● trapassato	● composto
io	abbia sciato	avessi sciato	avrei sciato
tu	abbia sciato	avessi sciato	avresti sciato
lui	abbia sciato	avesse sciato	avrebbe sciato
noi	abbiamo sciato	avessimo sciato	avremmo sciato
voi	abbiate sciato	aveste sciato	avreste sciato
loro	abbiano sciato	avessero sciato	avrebbero sciato

NOTE A PAG. 115

IMPERATIVO — GERUNDIO — PARTICIPIO

	IMPERATIVO		GERUNDIO	PARTICIPIO
tu	scia		● semplice	● presente
lui	scii		sciando	sciante
noi	**sciamo**			
voi	sciate		● composto	● passato
loro	sciino		avendo sciato	sciato

INDICATIVO

	● presente	● imperfetto	● futuro	● passato remoto
io	dirigo	dirigevo	dirigerò	**diressi**
tu	dirigi	dirigevi	dirigerai	dirigesti
lui	dirige	dirigeva	dirigerà	**diresse**
noi	dirigiamo	dirigevamo	dirigeremo	dirigemmo
voi	dirigete	dirigevate	dirigerete	dirigeste
loro	dirigono	dirigevano	dirigeranno	**diressero**
	● passato prossimo	● trapassato prossimo	● futuro anteriore	● trapassato remoto
io	ho **diretto**	avevo **diretto**	avrò **diretto**	ebbi **diretto**
tu	hai **diretto**	avevi **diretto**	avrai **diretto**	avesti **diretto**
lui	ha **diretto**	aveva **diretto**	avrà **diretto**	ebbe **diretto**
noi	abbiamo **diretto**	avevamo **diretto**	avremo **diretto**	avemmo **diretto**
voi	avete **diretto**	avevate **diretto**	avrete **diretto**	aveste **diretto**
loro	hanno **diretto**	avevano **diretto**	avranno **diretto**	ebbero **diretto**

CONGIUNTIVO

	● presente	● imperfetto
io	diriga	dirigessi
tu	diriga	dirigessi
lui	diriga	dirigesse
noi	dirigiamo	dirigessimo
voi	dirigiate	dirigeste
loro	dirigano	dirigessero
	● passato	● trapassato
io	abbia **diretto**	avessi **diretto**
tu	abbia **diretto**	avessi **diretto**
lui	abbia **diretto**	avesse **diretto**
noi	abbiamo **diretto**	avessimo **diretto**
voi	abbiate **diretto**	aveste **diretto**
loro	abbiano **diretto**	avessero **diretto**

CONDIZIONALE

	● semplice
io	dirigerei
tu	dirigeresti
lui	dirigerebbe
noi	dirigeremmo
voi	dirigereste
loro	dirigerebbero
	● composto
io	avrei **diretto**
tu	avresti **diretto**
lui	avrebbe **diretto**
noi	avremmo **diretto**
voi	avreste **diretto**
loro	avrebbero **diretto**

NOTE A
PAG.115

DIRIGERE

IMPERATIVO

tu	dirigi
lui	diriga
noi	dirigiamo
voi	dirigete
loro	dirigano

GERUNDIO

● semplice

dirigendo

● composto

avendo **diretto**

PARTICIPIO

● presente

dirigente

● passato

diretto

APPARIRE

INDICATIVO

	● presente	● imperfetto	● futuro	● passato remoto
io	**appaio**	apparivo	apparirò	**apparvi/apparsi**/apparii
tu	appari	apparivi	apparirai	apparisti
lui	appare	appariva	apparirà	**apparve/apparse**/apparì
noi	appariamo	apparivamo	appariremo	apparimmo
voi	apparite	apparivate	apparirete	appariste
loro	**appaiono**	apparivano	appariranno	apparvero/apparsero/apparirono

	● passato prossimo	● trapassato prossimo	● futuro anteriore	● trapassato remoto
io	sono **apparso**	ero **apparso**	sarò **apparso**	fui **apparso**
tu	sei **apparso**	eri **apparso**	sarai **apparso**	fosti **apparso**
lui	è **apparso**	era **apparso**	sarà **apparso**	fu **apparso**
noi	siamo **apparsi**	eravamo **apparsi**	saremo **apparsi**	fummo **apparsi**
voi	siete **apparsi**	eravate **apparsi**	sarete **apparsi**	foste **apparsi**
loro	sono **apparsi**	erano **apparsi**	saranno **apparsi**	furono **apparsi**

CONGIUNTIVO   CONDIZIONALE

	● presente	● imperfetto	● semplice
io	**appaia**	apparissi	apparirei
tu	**appaia**	apparissi	appariresti
lui	**appaia**	apparisse	apparirebbe
noi	appariamo	apparissimo	appariremmo
voi	appariate	appariste	apparireste
loro	**appaiano**	apparissero	apparirebbero

	● passato	● trapassato	● composto
io	sia **apparso**	fossi **apparso**	sarei **apparso**
tu	sia **apparso**	fossi **apparso**	saresti **apparso**
lui	sia **apparso**	fosse **apparso**	sarebbe **apparso**
noi	siamo **apparsi**	fossimo **apparsi**	saremmo **apparsi**
voi	siate **apparsi**	foste **apparsi**	sareste **apparsi**
loro	siano **apparsi**	fossero **apparsi**	sarebbero **apparsi**

NOTE A PAG. 115

IMPERATIVO

tu	appari
lui	**appaia**
noi	appariamo
voi	apparite
loro	**appaiano**

GERUNDIO

● semplice

apparendo

● composto

essendo **apparso**

PARTICIPIO

● presente

apparente

● passato

apparso

INDICATIVO

	● presente	● imperfetto	● futuro	● passato remoto
io	esprimo	esprimevo	esprimerò	**espressi**
tu	esprimi	esprimevi	esprimerai	esprimesti
lui	esprime	esprimeva	esprimerà	**espresse**
noi	esprimiamo	esprimevamo	esprimeremo	esprimemmo
voi	esprimete	esprimevate	esprimerete	esprimeste
loro	esprimono	esprimevano	esprimeranno	**espressero**
	● passato prossimo	● trapassato prossimo	● futuro anteriore	● trapassato remoto
io	ho **espresso**	avevo **espresso**	avrò **espresso**	ebbi **espresso**
tu	hai **espresso**	avevi **espresso**	avrai **espresso**	avesti **espresso**
lui	ha **espresso**	aveva **espresso**	avrà **espresso**	ebbe **espresso**
noi	abbiamo **espresso**	avevamo **espresso**	avremo **espresso**	avemmo **espresso**
voi	avete **espresso**	avevate **espresso**	avrete **espresso**	aveste **espresso**
loro	hanno **espresso**	avevano **espresso**	avranno **espresso**	ebbero **espresso**

CONGIUNTIVO

CONDIZIONALE

	● presente	● imperfetto	● semplice
io	esprima	esprimessi	esprimerei
tu	esprima	esprimessi	esprimeresti
lui	esprima	esprimesse	esprimerebbe
noi	esprimiamo	esprimessimo	esprimeremmo
voi	esprimiate	esprimeste	esprimereste
loro	esprimano	esprimessero	esprimerebbero
	● passato	● trapassato	● composto
io	abbia **espresso**	avessi **espresso**	avrei **espresso**
tu	abbia **espresso**	avessi **espresso**	avresti **espresso**
lui	abbia **espresso**	avesse **espresso**	avrebbe **espresso**
noi	abbiamo **espresso**	avessimo **esresso**	avremmo **espresso**
voi	abbiate **espresso**	aveste **espresso**	avreste **espresso**
loro	abbiano **espresso**	avessero **espresso**	avrebbero **espresso**

IMPERATIVO

tu	esprimi
lui	esprima
noi	esprimiamo
voi	esprimete
loro	esprimano

GERUNDIO

● semplice

esprimendo

● composto

avendo **espresso**

PARTICIPIO

● presente

esprimente

● passato

espresso

ESPRIMERE

INDICATIVO

	● presente	● imperfetto	● futuro	● passato remoto
io	esisto	esistevo	esisterò	esistei /esistetti
tu	esisti	esistevi	esisterai	esistesti
lui	esiste	esisteva	esisterà	esisté/esistette
noi	esistiamo	esistevamo	esisteremo	esistemmo
voi	esistete	esistevate	esisterete	esisteste
loro	esistono	esistevano	esisteranno	esisterono/esistettero
	● passato prossimo	● trapassato prossimo	● futuro anteriore	● trapassato remoto
io	sono **esistito**	ero **esistito**	sarò **esistito**	fui **esistito**
tu	sei **esistito**	eri **esistito**	sarai **esistito**	fosti **esistito**
lui	è **esistito**	era **esistito**	sarà **esistito**	fu **esistito**
noi	siamo **esistiti**	eravamo **esistiti**	saremo **esistiti**	fummo **esistiti**
voi	siete **esistiti**	eravate **esistiti**	sarete **esistiti**	foste **esistiti**
loro	sono **esistiti**	erano **esistiti**	saranno **esistiti**	furono **esistiti**

ESISTERE

CONGIUNTIVO

CONDIZIONALE

	● presente	● imperfetto	● semplice
io	esista	esistessi	esisterei
tu	esista	esistessi	esisteresti
lui	esista	esistesse	esisterebbe
noi	esistiamo	esistessimo	esisteremmo
voi	esistiate	esisteste	esistereste
loro	esistano	esistessero	esisterebbero
	● passato	● trapassato	● composto
io	sia **esistito**	fossi **esistito**	sarei **esistito**
tu	sia **esistito**	fossi **esistito**	saresti **esistito**
lui	sia **esistito**	fosse **esistito**	sarebbe **esistito**
noi	siamo **esistiti**	fossimo **esistiti**	saremmo **esistiti**
voi	siate **esistiti**	foste **esistiti**	sareste **esistiti**
loro	siano **esistiti**	fossero **esistiti**	sarebbero **esistiti**

NOTE A PAG. 115

IMPERATIVO

tu	esisti
lui	esista
noi	esistiamo
voi	esistete
loro	esistano

GERUNDIO

● **semplice**

esistendo

● **composto**

essendo **esistito**

PARTICIPIO

● **presente**

esistente

● **passato**

esistito

INDICATIVO

	● presente	● imperfetto	● futuro	● passato remoto
io	assolvo	assolvevo	assolverò	**assolsi**/assolvei
tu	assolvi	assolvevi	assolverai	assolvesti
lui	assolve	assolveva	assolverà	**assolse**/assolvé
noi	assolviamo	assolvevamo	assolveremo	assolvemmo
voi	assolvete	assolvevate	assolverete	assolveste
loro	assolvono	assolvevano	assolveranno	**assolsero**/assolvettero
	● passato prossimo	● trapassato prossimo	● futuro anteriore	● trapassato remoto
io	ho **assolto**	avevo **assolto**	avrò **assolto**	ebbi **assolto**
tu	hai **assolto**	avevi **assolto**	avrai **assolto**	avesti **assolto**
lui	ha **assolto**	aveva **assolto**	avrà **assolto**	ebbe **assolto**
noi	abbiamo **assolto**	avevamo **assolto**	avremo **assolto**	avemmo **assolto**
voi	avete **assolto**	avevate **assolto**	avrete **assolto**	aveste **assolto**
loro	hanno **assolto**	avevano **assolto**	avranno **assolto**	ebbero **assolto**

CONGIUNTIVO

	● presente	● imperfetto
io	assolva	assolvessi
tu	assolva	assolvessi
lui	assolva	assolvesse
noi	assolviamo	assolvessimo
voi	assolviate	assolveste
loro	assolvano	assolvessero
	● passato	● trapassato
io	abbia **assolto**	avessi **assolto**
tu	abbia **assolto**	avessi **assolto**
lui	abbia **assolto**	avesse **assolto**
noi	abbiamo **assolto**	avessimo **assolto**
voi	abbiate **assolto**	aveste **assolto**
loro	abbiano **assolto**	avessero **assolto**

CONDIZIONALE

	● semplice
io	assolverei
tu	assolveresti
lui	assolverebbe
noi	assolveremmo
voi	assolvereste
loro	assolverebbero
	● composto
io	avrei **assolto**
tu	avresti **assolto**
lui	avrebbe **assolto**
noi	avremmo **assolto**
voi	avreste **assolto**
loro	avrebbero **assolto**

NOTE A PAG.115

ASSOLVERE

IMPERATIVO

tu	assolvi
lui	assolva
noi	assolviamo
voi	assolvete
loro	assolvano

GERUNDIO

● semplice

assolvendo

● composto

avendo **assolto**

PARTICIPIO

● presente

assolvente

● passato

assolto

ASSUMERE

INDICATIVO

	● presente	● imperfetto	● futuro	● passato remoto
io	assumo	assumevo	assumerò	**assunsi**
tu	assumi	assumevi	assumerai	assumesti
lui	assume	assumeva	assumerà	**assunse**
noi	assumiamo	assumevamo	assumeremo	assumemmo
voi	assumete	assumevate	assumerete	assumeste
loro	assumono	assumevano	assumeranno	**assunsero**
	● passato prossimo	● trapassato prossimo	● futuro anteriore	● trapassato remoto
io	ho **assunto**	avevo **assunto**	avrò **assunto**	ebbi **assunto**
tu	hai **assunto**	avevi **assunto**	avrai **assunto**	avesti **assunto**
lui	ha **assunto**	aveva **assunto**	avrà **assunto**	ebbe **assunto**
noi	abbiamo **assunto**	avevamo **assunto**	avremo **assunto**	avemmo **assunto**
voi	avete **assunto**	avevate **assunto**	avrete **assunto**	aveste **assunto**
loro	hanno **assunto**	avevano **assunto**	avranno **assunto**	ebbero **assunto**

CONGIUNTIVO

CONDIZIONALE

	● presente	● imperfetto	● semplice
io	assuma	assumessi	assumerei
tu	assuma	assumessi	assumeresti
lui	assuma	assumesse	assumerebbe
noi	assumiamo	assumessimo	assumeremmo
voi	assumiate	assumeste	assumereste
loro	assumano	assumessero	assumerebbero
	● passato	● trapassato	● composto
io	abbia **assunto**	avessi **assunto**	avrei **assunto**
tu	abbia **assunto**	avessi **assunto**	avresti **assunto**
lui	abbia **assunto**	avesse **assunto**	avrebbe **assunto**
noi	abbiamo **assunto**	avessimo **assunto**	avremmo **assunto**
voi	abbiate **assunto**	aveste **assunto**	avreste **assunto**
loro	abbiano **assunto**	avessero **assunto**	avrebbero **assunto**

IMPERATIVO

tu	assumi
lui	assuma
noi	assumiamo
voi	assumete
loro	assumano

GERUNDIO

● semplice

assumendo

● composto

avendo **assunto**

PARTICIPIO

● presente

assumente

● passato

assunto

ANDARE

INDICATIVO

	● presente	● imperfetto	● futuro	● passato remoto
io	vado	andavo	andrò	andai
tu	vai	andavi	andrai	andasti
lui	va	andava	andrà	andò
noi	andiamo	andavamo	andremo	andammo
voi	andate	andavate	andrete	andaste
loro	vanno	andavano	andranno	andarono
	● passato prossimo	● trapassato prossimo	● futuro anteriore	● trapassato remoto
io	sono andato	ero andato	sarò andato	fui andato
tu	sei andato	eri andato	sarai andato	fosti andato
lui	è andato	era andato	sarà andato	fu andato
noi	siamo andati	eravamo andati	saremo andati	fummo andati
voi	siete andati	eravate andati	sarete andati	foste andati
loro	sono andati	erano andati	saranno andati	furono andati

CONGIUNTIVO

	● presente	● imperfetto
io	vada	andassi
tu	vada	andassi
lui	vada	andasse
noi	andiamo	andassimo
voi	andiate	andaste
loro	vadano	andassero
	● passato	● trapassato
io	sia andato	fossi andato
tu	sia andato	fossi andato
lui	sia andato	fosse andato
noi	siamo andati	fossimo andati
voi	siate andati	foste andati
loro	siano andati	fossero andati

CONDIZIONALE

	● semplice
io	andrei
tu	andresti
lui	andrebbe
noi	andremmo
voi	andreste
loro	andrebbero
	● composto
io	sarei andato
tu	saresti andato
lui	sarebbe andato
noi	saremmo andati
voi	sareste andati
loro	sarebbero andati

NOTE A PAG.115

IMPERATIVO

tu	va'/vai
lui	vada
noi	andiamo
voi	andate
loro	vadano

GERUNDIO

● semplice
andando

● composto
essendo andato

PARTICIPIO

● presente
andante

● passato
andato

ANDARE

APRIRE

INDICATIVO

	● presente	● imperfetto	● futuro	● passato remoto
io	apro	aprivo	aprirò	aprii
tu	apri	aprivi	aprirai	apristi
lui	apre	apriva	aprirà	aprì
noi	apriamo	aprivamo	apriremo	aprimmo
voi	aprite	aprivate	aprirete	apriste
loro	aprono	aprivano	apriranno	aprirono
	● passato prossimo	● trapassato prossimo	● futuro anteriore	● trapassato remoto
io	ho **aperto**	avevo **aperto**	avrò **aperto**	ebbi **aperto**
tu	hai **aperto**	avevi **aperto**	avrai **aperto**	avesti **aperto**
lui	ha **aperto**	aveva **aperto**	avrà **aperto**	ebbe **aperto**
noi	abbiamo **aperto**	avevamo **aperto**	avremo **aperto**	avemmo **aperto**
voi	avete **aperto**	avevate **aperto**	avrete **aperto**	aveste **aperto**
loro	hanno **aperto**	avevano **aperto**	avranno **aperto**	ebbero **aperto**

CONGIUNTIVO

	● presente	● imperfetto
io	apra	aprissi
tu	apra	aprissi
lui	apra	aprisse
noi	apriamo	aprissimo
voi	apriate	apriste
loro	aprano	aprissero
	● passato	● trapassato
io	abbia **aperto**	avessi **aperto**
tu	abbia **aperto**	avessi **aperto**
lui	abbia **aperto**	avesse **aperto**
noi	abbiamo **aperto**	avessimo **aperto**
voi	abbiate **aperto**	aveste **aperto**
loro	abbiano **aperto**	avessero **aperto**

CONDIZIONALE

	● semplice
io	aprirei
tu	apriresti
lui	aprirebbe
noi	apriremmo
voi	aprireste
loro	aprirebbero
	● composto
io	avrei **aperto**
tu	avresti **aperto**
lui	avrebbe **aperto**
noi	avremmo **aperto**
voi	avreste **aperto**
loro	avrebbero **aperto**

NOTE A PAG. 115

APRIRE

IMPERATIVO

tu	apri
lui	apra
noi	apriamo
voi	aprite
loro	aprano

GERUNDIO

● semplice

aprendo

● composto

avendo **aperto**

PARTICIPIO

● presente

aprente

● passato

aperto

INDICATIVO

	● presente	● imperfetto	● futuro	● passato remoto
io	**ho**	avevo	**avrò**	**ebbi**
tu	**hai**	avevi	**avrai**	avesti
lui	**ha**	aveva	**avrà**	**ebbe**
noi	**abbiamo**	avevamo	**avremo**	avemmo
voi	avete	avevate	**avrete**	aveste
loro	**hanno**	avevano	**avranno**	**ebbero**
	● passato prossimo	● trapassato prossimo	● futuro anteriore	● trapassato remoto
io	ho avuto	avevo avuto	avrò avuto	ebbi avuto
tu	hai avuto	avevi avuto	avrai avuto	avesti avuto
lui	ha avuto	aveva avuto	avrà avuto	ebbe avuto
noi	abbiamo avuto	avevamo avuto	avremo avuto	avemmo avuto
voi	avete avuto	avevate avuto	avrete avuto	aveste avuto
loro	hanno avuto	avevano avuto	avranno avuto	ebbero avuto

CONGIUNTIVO

	● presente	● imperfetto
io	**abbia**	avessi
tu	**abbia**	avessi
lui	**abbia**	avesse
noi	**abbiamo**	avessimo
voi	**abbiate**	aveste
loro	**abbiano**	avessero
	● passato	● trapassato
io	abbia avuto	avessi avuto
tu	abbia avuto	avessi avuto
lui	abbia avuto	avesse avuto
noi	abbiamo avuto	avessimo avuto
voi	abbiate avuto	aveste avuto
loro	abbiano avuto	avessero avuto

CONDIZIONALE

	● semplice
io	**avrei**
tu	**avresti**
lui	**avrebbe**
noi	**avremmo**
voi	**avreste**
loro	**avrebbero**
	● composto
io	avrei avuto
tu	avresti avuto
lui	avrebbe avuto
noi	avremmo avuto
voi	avreste avuto
loro	avrebbero avuto

NOTE A
PAG.115

AVERE

IMPERATIVO

tu	**abbi**
lui	**abbia**
noi	**abbiamo**
voi	**abbiate**
loro	**abbiano**

GERUNDIO

● semplice

avendo

● composto

avendo avuto

PARTICIPIO

● presente

avente

● passato

avuto

BERE

INDICATIVO

	● presente	● imperfetto	● futuro	● passato remoto
io	bevo	bevevo	berrò	bevvi
tu	bevi	bevevi	berrai	bevesti
lui	beve	beveva	berrà	bevve
noi	beviamo	bevevamo	berremo	bevemmo
voi	bevete	bevevate	berrete	beveste
loro	bevono	bevevano	berranno	bevvero
	● passato prossimo	● trapassato prossimo	● futuro anteriore	● trapassato remoto
io	ho bevuto	avevo bevuto	avrò bevuto	ebbi bevuto
tu	hai bevuto	avevi bevuto	avrai bevuto	avesti bevuto
lui	ha bevuto	aveva bevuto	avrà bevuto	ebbe bevuto
noi	abbiamo bevuto	avevamo bevuto	avremo bevuto	avemmo bevuto
voi	avete bevuto	avevate bevuto	avrete bevuto	aveste bevuto
loro	hanno bevuto	avevano bevuto	avranno bevuto	ebbero bevuto

BERE

NOTE A PAG. 115

CONGIUNTIVO

	● presente	● imperfetto
io	beva	bevessi
tu	beva	bevessi
lui	beva	bevesse
noi	beviamo	bevessimo
voi	beviate	beveste
loro	bevano	bevessero
	● passato	● trapassato
io	abbia bevuto	avessi bevuto
tu	abbia bevuto	avessi bevuto
lui	abbia bevuto	avesse bevuto
noi	abbiamo bevuto	avessimo bevuto
voi	abbiate bevuto	aveste bevuto
loro	abbiano bevuto	avessero bevuto

CONDIZIONALE

	● semplice
io	berrei
tu	berresti
lui	berrebbe
noi	berremmo
voi	berreste
loro	berrebbero
	● composto
io	avrei bevuto
tu	avresti bevuto
lui	avrebbe bevuto
noi	avremmo bevuto
voi	avreste bevuto
loro	avrebbero bevuto

IMPERATIVO

tu	bevi
lui	beva
noi	beviamo
voi	bevete
loro	bevano

GERUNDIO

● semplice

bevendo

● composto

avendo bevuto

PARTICIPIO

● presente

bevente

● passato

bevuto

CADERE

INDICATIVO

	● presente	● imperfetto	● futuro	● passato remoto
io	cado	cadevo	**cadrò**	**caddi**
tu	cadi	cadevi	**cadrai**	cadesti
lui	cade	cadeva	**cadrà**	**cadde**
noi	cadiamo	cadevamo	**cadremo**	cademmo
voi	cadete	cadevate	**cadrete**	cadeste
loro	cadono	cadevano	**cadranno**	**caddero**
	● passato prossimo	● trapassato prossimo	● futuro anteriore	● trapassato remoto
io	sono caduto	ero caduto	sarò caduto	fui caduto
tu	sei caduto	eri caduto	sarai caduto	fosti caduto
lui	è caduto	era caduto	sarà caduto	fu caduto
noi	siamo caduti	eravamo caduti	saremo caduti	fummo caduti
voi	siete caduti	eravate caduti	sarete caduti	foste caduti
loro	sono caduti	erano caduti	saranno caduti	furono caduti

CONGIUNTIVO

CONDIZIONALE

	● presente	● imperfetto	● semplice
io	cada	cadessi	**cadrei**
tu	cada	cadessi	**cadresti**
lui	cada	cadesse	**cadrebbe**
noi	cadiamo	cadessimo	**cadremmo**
voi	cadiate	cadeste	**cadreste**
loro	cadano	cadessero	**cadrebbero**
	● passato	● trapassato	● composto
io	sia caduto	fossi caduto	sarei caduto
tu	sia caduto	fossi caduto	saresti caduto
lui	sia caduto	fosse caduto	sarebbe caduto
noi	siamo caduti	fossimo caduti	saremmo caduti
voi	siate caduti	foste caduti	sareste caduti
loro	siano caduti	fossero caduti	sarebbero caduti

NOTE A PAG.115

CADERE

IMPERATIVO

tu	cadi
lui	cada
noi	cadiamo
voi	cadete
loro	cadano

GERUNDIO

● semplice

cadendo

● composto

essendo caduto

PARTICIPIO

● presente

cadente

● passato

caduto

INDICATIVO

	● presente	● imperfetto	● futuro	● passato remoto
io	*	*	*	*
tu	*	*	*	*
lui	cale	caleva	*	**calse**
noi	*	*	*	*
voi	*	*	*	*
loro	*	*	*	*

	● passato prossimo	● trapassato prossimo	● futuro anteriore	● trapassato remoto
io	*	*	*	*
tu	*	*	*	*
lui	*	*	*	*
noi	*	*	*	*
voi	*	*	*	*
loro	*	*	*	*

CALERE

NOTE A PAG. 115

CONGIUNTIVO

	● presente	● imperfetto
io	*	*
tu	*	*
lui	**caglia**	calesse
noi	*	*
voi	*	*
loro	*	*

	● passato	● trapassato
io	*	*
tu	*	*
lui	*	*
noi	*	*
voi	*	*
loro	*	*

CONDIZIONALE

	● semplice
io	*
tu	*
lui	*
noi	*
voi	*
loro	*

	● composto
io	*
tu	*
lui	*
noi	*
voi	*
loro	*

IMPERATIVO

tu	*
lui	*
noi	*
voi	*
loro	*

GERUNDIO

● semplice
*

● composto
*

PARTICIPIO

● presente
*

● passato
*

CHIEDERE

INDICATIVO

	• presente	• imperfetto	• futuro	• passato remoto
io	chiedo	chiedevo	chiederò	**chiesi**
tu	chiedi	chiedevi	chiederai	chiedesti
lui	chiede	chiedeva	chiederà	**chiese**
noi	chiediamo	chiedevamo	chiederemo	chiedemmo
voi	chiedete	chiedevate	chiederete	chiedeste
loro	chiedono	chiedevano	chiederanno	**chiesero**
	• passato prossimo	• trapassato prossimo	• futuro anteriore	• trapassato remoto
io	ho **chiesto**	avevo **chiesto**	avrò **chiesto**	ebbi **chiesto**
tu	hai **chiesto**	avevi **chiesto**	avrai **chiesto**	avesti **chiesto**
lui	ha **chiesto**	aveva **chiesto**	avrà **chiesto**	ebbe **chiesto**
noi	abbiamo **chiesto**	avevamo **chiesto**	avremo **chiesto**	avemmo **chiesto**
voi	avete **chiesto**	avevate **chiesto**	avrete **chiesto**	aveste **chiesto**
loro	hanno **chiesto**	avevano **chiesto**	avranno **chiesto**	ebbero **chiesto**

CONGIUNTIVO

	• presente	• imperfetto
io	chieda	chiedessi
tu	chieda	chiedessi
lui	chieda	chiedesse
noi	chiediamo	chiedessimo
voi	chiediate	chiedeste
loro	chiedano	chiedessero
	• passato	• trapassato
io	abbia **chiesto**	avessi **chiesto**
tu	abbia **chiesto**	avessi **chiesto**
lui	abbia **chiesto**	avesse **chiesto**
noi	abbiamo **chiesto**	avessimo **chiesto**
voi	abbiate **chiesto**	aveste **chiesto**
loro	abbiano **chiesto**	avessero **chiesto**

CONDIZIONALE

	• semplice
io	chiederei
tu	chiederesti
lui	chiederebbe
noi	chiederemmo
voi	chiedereste
loro	chiederebbero
	• composto
io	avrei **chiesto**
tu	avresti **chiesto**
lui	avrebbe **chiesto**
noi	avremmo **chiesto**
voi	avreste **chiesto**
loro	avrebbero **chiesto**

NOTE A PAG.116

CHIEDERE

IMPERATIVO

tu	chiedi
lui	chieda
noi	chiediamo
voi	chiedete
loro	chiedano

GERUNDIO

• semplice

chiedendo

• composto

avendo **chiesto**

PARTICIPIO

• presente

chiedente

• passato

chiesto

COMPIERE

INDICATIVO

	● presente	● imperfetto	● futuro	● passato remoto
io	compio	compivo	compirò	compii
tu	compi	compivi	compirai	compisti
lui	compie	compiva	compirà	compì
noi	compiamo	compivamo	compiremo	compimmo
voi	compite	compivate	compirete	compiste
loro	compiono	compivano	compiranno	compirono
	● passato prossimo	● trapassato prossimo	● futuro anteriore	● trapassato remoto
io	ho compiuto	avevo compiuto	avrò compiuto	ebbi compiuto
tu	hai compiuto	avevi compiuto	avrai compiuto	avesti compiuto
lui	ha compiuto	aveva compiuto	avrà compiuto	ebbe compiuto
noi	abbiamo compiuto	avevamo compiuto	avremo compiuto	avemmo compiuto
voi	avete compiuto	avevate compiuto	avrete compiuto	aveste compiuto
loro	hanno compiuto	avevano compiuto	avranno compiuto	ebbero compiuto

CONGIUNTIVO — CONDIZIONALE

	● presente	● imperfetto	● semplice
io	compia	compissi	compirei
tu	compia	compissi	compiresti
lui	compia	compisse	compirebbe
noi	compiamo	compissimo	compiremmo
voi	compiate	compiste	compireste
loro	compiano	compissero	compirebbero
	● passato	● trapassato	● composto
io	abbia compiuto	avessi compiuto	avrei compiuto
tu	abbia compiuto	avessi compiuto	avresti compiuto
lui	abbia compiuto	avesse compiuto	avrebbe compiuto
noi	abbiamo compiuto	avessimo compiuto	avremmo compiuto
voi	abbiate compiuto	aveste compiuto	avreste compiuto
loro	abbiano compiuto	avessero compiuto	avrebbero compiuto

NOTE A PAG. 116

COMPIERE

IMPERATIVO — GERUNDIO — PARTICIPIO

IMPERATIVO		GERUNDIO	PARTICIPIO
tu	compi	● semplice	● presente
lui	compia	compiendo	compiente
noi	compiamo	● composto	● passato
voi	compite	avendo compiuto	compiuto
loro	compiano		

CONCEDERE

INDICATIVO

	● presente	● imperfetto	● futuro	● passato remoto
io	concedo	concedevo	concederò	**concessi**
tu	concedi	concedevi	concederai	concedesti
lui	concede	concedeva	concederà	**concesse**
noi	concediamo	concedevamo	concederemo	concedemmo
voi	concedete	concedevate	concederete	concedeste
loro	concedono	concedevano	concederanno	**concessero**
	● passato prossimo	● trapassato prossimo	● futuro anteriore	● trapassato remoto
io	ho **concesso**	avevo **concesso**	avrò **concesso**	ebbi **concesso**
tu	hai **concesso**	avevi **concesso**	avrai **concesso**	avesti **concesso**
lui	ha **concesso**	aveva **concesso**	avrà **concesso**	ebbe **concesso**
noi	abbiamo **concesso**	avevamo **concesso**	avremo **concesso**	avemmo **concesso**
voi	avete **concesso**	avevate **concesso**	avrete **concesso**	aveste **concesso**
loro	hanno **concesso**	avevano **concesso**	avranno **concesso**	ebbero **concesso**

CONGIUNTIVO

	● presente	● imperfetto
io	conceda	concedessi
tu	conceda	concedessi
lui	conceda	concedesse
noi	concediamo	concedessimo
voi	concediate	concedeste
loro	concedano	concedessero
	● passato	● trapassato
io	abbia **concesso**	avessi **concesso**
tu	abbia **concesso**	avessi **concesso**
lui	abbia **concesso**	avesse concesso
noi	abbiamo **concesso**	avessimo **concesso**
voi	abbiate **concesso**	aveste **concesso**
loro	abbiano **concesso**	avessero **concesso**

CONDIZIONALE

	● semplice
io	concederei
tu	concederesti
lui	concederebbe
noi	concederemmo
voi	concedereste
loro	concederebbero
	● composto
io	avrei **concesso**
tu	avresti **concesso**
lui	avrebbe **concesso**
noi	avremmo **concesso**
voi	avreste **concesso**
loro	avrebbero **concesso**

NOTE A PAG.116

CONCEDERE

IMPERATIVO

tu	concedi
lui	conceda
noi	concediamo
voi	concedete
loro	concedano

GERUNDIO

● semplice

concedendo

● composto

avendo **concesso**

PARTICIPIO

● presente

concedente

● passato

concesso

INDICATIVO

	● presente	● imperfetto	● futuro	● passato remoto
io	conosco	conoscevo	conoscerò	**conobbi**
tu	conosci	conoscevi	conoscerai	conoscesti
lui	conosce	conosceva	conoscerà	**conobbe**
noi	conosciamo	conoscevamo	conosceremo	conoscemmo
voi	conoscete	conoscevate	conoscerete	conosceste
loro	conoscono	conoscevano	conosceranno	**conobbero**
	● passato prossimo	● trapassato prossimo	● futuro anteriore	● trapassato remoto
io	ho **conosciuto**	avevo **conosciuto**	avrò **conosciuto**	ebbi **conosciuto**
tu	hai **conosciuto**	avevi **conosciuto**	avrai **conosciuto**	avesti **conosciuto**
lui	ha **conosciuto**	aveva **conosciuto**	avrà **conosciuto**	ebbe **conosciuto**
noi	abbiamo **conosciuto**	avevamo **conosciuto**	avremo **conosciuto**	avemmo **conosciut**
voi	avete **conosciuto**	avevate **conosciuto**	avrete **conosciuto**	aveste **conosciuto**
loro	hanno **conosciuto**	avevano **conosciuto**	avranno **conosciuto**	ebbero **conosciuto**

CONGIUNTIVO

	● presente	● imperfetto
io	conosca	conoscessi
tu	conosca	conoscessi
lui	conosca	conoscesse
noi	conosciamo	conoscessimo
voi	conosciate	conosceste
loro	conoscano	conoscessero
	● passato	● trapassato
io	abbia **conosciuto**	avessi **conosciuto**
tu	abbia **conosciuto**	avessi **conosciuto**
lui	abbia **conosciuto**	avesse **conosciuto**
noi	abbiamo **conosciuto**	avessimo **conosciuto**
voi	abbiate **conosciuto**	aveste **conosciuto**
loro	abbiano **conosciuto**	avessero **conosciuto**

NOTE A PAG. 116

CONDIZIONALE

● semplice

conoscerei
conosceresti
conoscerebbe
conosceremmo
conoscereste
conoscerebbero

● composto

avrei **conosciuto**
avresti **conosciuto**
avrebbe **conosciuto**
avremmo **conosciuto**
avreste **conosciuto**
avrebbero **conosciuto**

IMPERATIVO

tu	conosci
lui	conosca
noi	conosciamo
voi	conoscete
loro	conoscano

GERUNDIO

● semplice

conoscendo

● composto

avendo **conosciuto**

PARTICIPIO

● presente

conoscente

● passato

conosciuto

INDICATIVO

	● presente	● imperfetto	● futuro	● passato remoto
io	contundo	contundevo	contunderò	**contusi**
tu	contundi	contundevi	contunderai	contundesti
lui	contunde	contundeva	contunderà	**contuse**
noi	contundiamo	contundevamo	contunderemo	contundemmo
voi	contundete	contundevate	contunderete	contundeste
loro	contundono	contundevano	contunderanno	**contusero**
	● passato prossimo	● trapassato prossimo	● futuro anteriore	● trapassato remoto
io	ho **contuso**	avevo **contuso**	avrò **contuso**	ebbi **contuso**
tu	hai **contuso**	avevi **contuso**	avrai **contuso**	avesti **contuso**
lui	ha **contuso**	aveva **contuso**	avrà **contuso**	ebbe **contuso**
noi	abbiamo **contuso**	avevamo **contuso**	avremo **contuso**	avemmo **contuso**
voi	avete **contuso**	avevate **contuso**	avrete **contuso**	aveste **contuso**
loro	hanno **contuso**	avevano **contuso**	avranno **contuso**	ebbero **contuso**

CONGIUNTIVO

	● presente	● imperfetto
io	contunda	contundessi
tu	contunda	contundessi
lui	contunda	contundesse
noi	contundiamo	contundessimo
voi	contundiate	contundeste
loro	contundano	contundessero
	● passato	● trapassato
io	abbia **contuso**	avessi **contuso**
tu	abbia **contuso**	avessi **contuso**
lui	abbia **contuso**	avesse **contuso**
noi	abbiamo **contuso**	avessimo **contuso**
voi	abbiate **contuso**	aveste **contuso**
loro	abbiano **contuso**	avessero **contuso**

CONDIZIONALE

	● semplice
io	contunderei
tu	contunderesti
lui	contunderebbe
noi	contunderemmo
voi	contundereste
loro	contunderebbero
	● composto
io	avrei **contuso**
tu	avresti **contuso**
lui	avrebbe **contuso**
noi	avremmo **contuso**
voi	avreste **contuso**
loro	avrebbero **contuso**

IMPERATIVO

tu	contundi
lui	contunda
noi	contundiamo
voi	contundete
loro	contundano

GERUNDIO

● semplice

contundendo

● composto

avendo **contuso**

PARTICIPIO

● presente

contundente

● passato

contuso

COPRIRE

INDICATIVO

	● presente	● imperfetto	● futuro	● passato remoto
io	copro	coprivo	coprirò	coprii
tu	copri	coprivi	coprirai	copristi
lui	copre	copriva	coprirà	coprì
noi	copriamo	coprivamo	copriremo	coprimmo
voi	coprite	coprivate	coprirete	copriste
loro	coprono	coprivano	copriranno	coprirono
	● passato prossimo	● trapassato prossimo	● futuro anteriore	● trapassato remoto
io	ho **coperto**	avevo **coperto**	avrò **coperto**	ebbi **coperto**
tu	hai **coperto**	avevi **coperto**	avrai **coperto**	avesti **coperto**
lui	ha **coperto**	aveva **coperto**	avrà **coperto**	ebbe **coperto**
noi	abbiamo **coperto**	avevamo **coperto**	avremo **coperto**	avemmo **coperto**
voi	avete **coperto**	avevate **coperto**	avrete **coperto**	aveste **coperto**
loro	hanno **coperto**	avevano **coperto**	avranno **coperto**	ebbero **coperto**

CONGIUNTIVO

CONDIZIONALE

	● presente	● imperfetto	● semplice
io	copra	coprissi	coprirei
tu	copra	coprissi	copriresti
lui	copra	coprisse	coprirebbe
noi	copriamo	coprissimo	copriremmo
voi	copriate	copriste	coprireste
loro	coprano	coprissero	coprirebbero
	● passato	● trapassato	● composto
io	abbia **coperto**	avessi **coperto**	avrei **coperto**
tu	abbia **coperto**	avessi **coperto**	avresti **coperto**
lui	abbia **coperto**	avesse **coperto**	avrebbe **coperto**
noi	abbiamo **coperto**	avessimo **coperto**	avremmo **coperto**
voi	abbiate **coperto**	aveste **coperto**	avreste **coperto**
loro	abbiano **coperto**	avessero **coperto**	avrebbero **coperto**

NOTE A PAG. 116

IMPERATIVO

tu	copri
lui	copra
noi	copriamo
voi	coprite
loro	coprano

GERUNDIO

● **semplice**

coprendo

● **composto**

avendo **coperto**

PARTICIPIO

● **presente**

coprente

● **passato**

coperto

CORRERE

INDICATIVO

	● presente	● imperfetto	● futuro	● passato remoto
io	corro	correvo	correrò	**corsi**
tu	corri	correvi	correrai	corresti
lui	corre	correva	correrà	**corse**
noi	corriamo	correvamo	correremo	corremmo
voi	correte	correvate	correrete	correste
loro	corrono	correvano	correranno	**corsero**
	● passato prossimo	● trapassato prossimo	● futuro anteriore	● trapassato remoto
io	ho **corso**	avevo **corso**	avrò **corso**	ebbi **corso**
tu	hai **corso**	avevi **corso**	avrai **corso**	avesti **corso**
lui	ha **corso**	aveva **corso**	avrà corso	ebbe **corso**
noi	abbiamo **corso**	avevamo **corso**	avremo **corso**	avemmo **corso**
voi	avete **corso**	avevate **corso**	avrete **corso**	aveste **corso**
loro	hanno **corso**	avevano **corso**	avranno **corso**	ebbero **corso**

CONGIUNTIVO

	● presente	● imperfetto
io	corra	corressi
tu	corra	corressi
lui	corra	corresse
noi	corriamo	corressimo
voi	corriate	correste
loro	corrano	corressero
	● passato	● trapassato
io	abbia **corso**	avessi **corso**
tu	abbia **corso**	avessi **corso**
lui	abbia **corso**	avesse **corso**
noi	abbiamo **corso**	avessimo **corso**
voi	abbiate **corso**	aveste **corso**
loro	abbiano **corso**	avessero **corso**

CONDIZIONALE

	● semplice
io	correrei
tu	correresti
lui	correrebbe
noi	correremmo
voi	correreste
loro	correrebbero
	● composto
io	avrei **corso**
tu	avresti **corso**
lui	avrebbe **corso**
noi	avremmo **corso**
voi	avreste **corso**
loro	avrebbero **corso**

NOTE A PAG.116

IMPERATIVO

tu	corri
lui	corra
noi	corriamo
voi	correte
loro	corrano

GERUNDIO

● semplice

correndo

● composto

avendo **corso**

PARTICIPIO

● presente

corrente

● passato

corso

CRESCERE

INDICATIVO

	● presente	● imperfetto	● futuro	● passato remoto
io	cresco	crescevo	crescerò	**crebbi**
tu	cresci	crescevi	crescerai	crescesti
lui	cresce	cresceva	crescerà	**crebbe**
noi	cresciamo	crescevamo	cresceremo	crescemmo
voi	crescete	crescevate	crescerete	cresceste
loro	crescono	crescevano	cresceranno	**crebbero**

	● passato prossimo	● trapassato prossimo	● futuro anteriore	● trapassato remoto
io	sono **cresciuto**	ero **cresciuto**	sarò **cresciuto**	fui **cresciuto**
tu	sei **cresciuto**	eri **cresciuto**	sarai **cresciuto**	fosti **cresciuto**
lui	è **cresciuto**	era **cresciuto**	sarà **cresciuto**	fu **cresciuto**
noi	siamo **cresciuti**	eravamo **cresciuti**	saremo **cresciuti**	fummo **cresciuti**
voi	siete **cresciuti**	eravate **cresciuti**	sarete **cresciuti**	foste **cresciuti**
loro	sono **cresciuti**	erano **cresciuti**	saranno **cresciuti**	furono **cresciuti**

CONGIUNTIVO

CONDIZIONALE

	● presente	● imperfetto	● semplice
io	cresca	crescessi	crescerei
tu	cresca	crescessi	cresceresti
lui	cresca	crescesse	crescerebbe
noi	cresciamo	crescessimo	cresceremmo
voi	cresciate	cresceste	crescereste
loro	crescano	crescessero	crescerebbero

	● passato	● trapassato	● composto
io	sia **cresciuto**	fossi **cresciuto**	sarei **cresciuto**
tu	sia **cresciuto**	fossi **cresciuto**	saresti **cresciuto**
lui	sia **cresciuto**	fosse **cresciuto**	sarebbe **cresciuto**
noi	siamo **cresciuti**	fossimo **cresciuti**	saremmo **cresciuti**
voi	siate **cresciuti**	foste **cresciuti**	sareste **cresciuti**
loro	siano **cresciuti**	fossero **cresciuti**	sarebbero **cresciuti**

NOTE A PAG. 116

IMPERATIVO

tu	cresci
lui	cresca
noi	cresciamo
voi	crescete
loro	crescano

GERUNDIO

● semplice

crescendo

● composto

essendo **cresciuto**

PARTICIPIO

● presente

crescente

● passato

cresciuto

CUOCERE

INDICATIVO

	● presente	● imperfetto	● futuro	● passato remoto
io	**cuocio**	cuocevo	cuocerò	**cossi**
tu	cuoci	cuocevi	cuocerai	cuocesti
lui	cuoce	cuoceva	cuocerà	**cosse**
noi	**cuociamo**	cuocevamo	cuoceremo	cuocemmo
voi	cuocete	cuocevate	cuocerete	cuoceste
loro	cuociono	cuocevano	cuoceranno	**cossero**
	● passato prossimo	● trapassato prossimo	● futuro anteriore	● trapassato remoto
io	ho **cotto**	avevo **cotto**	avrò **cotto**	ebbi **cotto**
tu	hai **cotto**	avevi **cotto**	avrai **cotto**	avesti **cotto**
lui	ha **cotto**	aveva **cotto**	avrà **cotto**	ebbe **cotto**
noi	abbiamo **cotto**	avevamo **cotto**	avremo **cotto**	avemmo **cotto**
voi	avete **cotto**	avevate **cotto**	avrete **cotto**	aveste **cotto**
loro	hanno **cotto**	avevano **cotto**	avranno **cotto**	ebbero **cotto**

CONGIUNTIVO

	● presente	● imperfetto
io	**cuocia**	cuocessi
tu	**cuocia**	cuocessi
lui	**cuocia**	cuocesse
noi	cuociamo	cuocessimo
voi	cuociate	cuoceste
loro	**cuociano**	cuocessero
	● passato	● trapassato
io	abbia **cotto**	avessi **cotto**
tu	abbia **cotto**	avessi **cotto**
lui	abbia **cotto**	avesse **cotto**
noi	abbiamo **cotto**	avessimo **cotto**
voi	abbiate **cotto**	aveste **cotto**
loro	abbiano **cotto**	avessero **cotto**

CONDIZIONALE

	● semplice
io	cuocerei
tu	cuoceresti
lui	cuocerebbe
noi	cuoceremmo
voi	cuocereste
loro	cuocerebbero
	● composto
io	avrei **cotto**
tu	avresti **cotto**
lui	avrebbe **cotto**
noi	avremmo **cotto**
voi	avreste **cotto**
loro	avrebbero **cotto**

NOTE A PAG.116

CUOCERE

IMPERATIVO

tu	cuoci
lui	**cuocia**
noi	cuociamo
voi	cuocete
loro	**cuociano**

GERUNDIO

● semplice

cuocendo

● composto

avendo **cotto**

PARTICIPIO

● presente

cocente

● passato

cotto

DARE

INDICATIVO

	● presente	● imperfetto	● futuro	● passato remoto
io	do	davo	darò	**diedi/detti**
tu	dai	davi	darai	**desti**
lui	**dà**	dava	darà	**diede/dette**
noi	diamo	davamo	daremo	**demmo**
voi	date	davate	darete	**deste**
loro	**danno**	davano	daranno	**diedero/dettero**

	● passato prossimo	● trapassato prossimo	● futuro anteriore	● trapassato remoto
io	ho dato	avevo dato	avrò dato	ebbi dato
tu	hai dato	avevi dato	avrai dato	avesti dato
lui	ha dato	aveva dato	avrà dato	ebbe dato
noi	abbiamo dato	avevamo dato	avremo dato	avemmo dato
voi	avete dato	avevate dato	avrete dato	aveste dato
loro	hanno dato	avevano dato	avranno dato	ebbero dato

CONGIUNTIVO — CONDIZIONALE

	● presente	● imperfetto	● semplice
io	**dia**	**dessi**	darei
tu	**dia**	**dessi**	daresti
lui	**dia**	**desse**	darebbe
noi	diamo	**dessimo**	daremmo
voi	diate	**deste**	dareste
loro	**diano**	**dessero**	darebbero

	● passato	● trapassato	● composto
io	abbia dato	avessi dato	avrei dato
tu	abbia dato	avessi dato	avresti dato
lui	abbia dato	avesse dato	avrebbe dato
noi	abbiamo dato	avessimo dato	avremmo dato
voi	abbiate dato	aveste dato	avreste dato
loro	abbiano dato	avessero dato	avrebbero dato

NOTE A PAG. 116

IMPERATIVO

tu	**da'/dai**
lui	**dia**
noi	diamo
voi	date
loro	**diano**

GERUNDIO

● semplice
dando

● composto
avendo dato

PARTICIPIO

● presente
dante

● passato
dato

INDICATIVO

	● presente	● imperfetto	● futuro	● passato remoto
io	dico	dicevo	dirò	dissi
tu	dici	dicevi	dirai	dicesti
lui	dice	diceva	dirà	disse
noi	diciamo	dicevamo	diremo	dicemmo
voi	dite	dicevate	direte	diceste
loro	dicono	dicevano	diranno	dissero
	● passato prossimo	● trapassato prossimo	● futuro anteriore	● trapassato remoto
io	ho detto	avevo detto	avrò detto	ebbi detto
tu	hai detto	avevi detto	avrai detto	avesti detto
lui	ha detto	aveva detto	avrà detto	ebbe detto
noi	abbiamo detto	avevamo detto	avremo detto	avemmo detto
voi	avete detto	avevate detto	avrete detto	aveste detto
loro	hanno detto	avevano detto	avranno detto	ebbero detto

CONGIUNTIVO

CONDIZIONALE

	● presente	● imperfetto	● semplice
io	dica	dicessi	direi
tu	dica	dicessi	diresti
lui	dica	dicesse	direbbe
noi	diciamo	dicessimo	diremmo
voi	diciate	diceste	direste
loro	dicano	dicessero	direbbero
	● passato	● trapassato	● composto
io	abbia detto	avessi detto	avrei detto
tu	abbia detto	avessi detto	avresti detto
lui	abbia detto	avesse detto	avrebbe detto
noi	abbiamo detto	avessimo detto	avremmo detto
voi	abbiate detto	aveste detto	avreste detto
loro	abbiano detto	avessero detto	avrebbero detto

NOTE A
PAG.117

DIRE

IMPERATIVO

GERUNDIO

PARTICIPIO

	IMPERATIVO
tu	di'
lui	dica
noi	diciamo
voi	dite
loro	dicano

● semplice

dicendo

● composto

avendo detto

● presente

dicente

● passato

detto

DISCUTERE

INDICATIVO

	● presente	● imperfetto	● futuro	● passato remoto
io	discuto	discutevo	discuterò	**discussi**
tu	discuti	discutevi	discuterai	discutesti
lui	discute	discuteva	discuterà	**discusse**
noi	discutiamo	discutevamo	discuteremo	discutemmo
voi	discutete	discutevate	discuterete	discuteste
loro	discutono	discutevano	discuteranno	**discussero**
	● passato prossimo	● trapassato prossimo	● futuro anteriore	● trapassato remoto
io	ho **discusso**	avevo **discusso**	avrò **discusso**	ebbi **discusso**
tu	hai **discusso**	avevi **discusso**	avrai **discusso**	avesti **discusso**
lui	ha **discusso**	aveva **discusso**	avrà **discusso**	ebbe **discusso**
noi	abbiamo **discusso**	avevamo **discusso**	avremo **discusso**	avemmo **discusso**
voi	avete **discusso**	avevate **discusso**	avrete **discusso**	aveste **discusso**
loro	hanno **discusso**	avevano **discusso**	avranno **discusso**	ebbero **discusso**

CONGIUNTIVO

	● presente	● imperfetto
io	discuta	discutessi
tu	discuta	discutessi
lui	discuta	discutesse
noi	discutiamo	discutessimo
voi	discutiate	discuteste
loro	discutano	discutessero
	● passato	● trapassato
io	abbia **discusso**	avessi **discusso**
tu	abbia **discusso**	avessi **discusso**
lui	abbia **discusso**	avesse **discusso**
noi	abbiamo **discusso**	avessimo **discusso**
voi	abbiate **discusso**	aveste **discusso**
loro	abbiano **discusso**	avessero **discusso**

CONDIZIONALE

● semplice
discuterei
discuteresti
discuterebbe
discuteremmo
discutereste
discuterebbero

● composto
avrei **discusso**
avresti **discusso**
avrebbe **discusso**
avremmo **discusso**
avreste **discusso**
avrebbero **discusso**

NOTE A PAG. 117

IMPERATIVO

tu	discuti
lui	discuta
noi	discutiamo
voi	discutete
loro	discutano

GERUNDIO

● semplice

discutendo

● composto

avendo **discusso**

PARTICIPIO

● presente

discutente

● passato

discusso

INDICATIVO

	● presente	● imperfetto	● futuro	● passato remoto
io	distinguo	distinguevo	distinguerò	**distinsi**
tu	distingui	distinguevi	distinguerai	distinguesti
lui	distingue	distingueva	distinguerà	**distinse**
noi	distinguiamo	distinguevamo	distingueremo	distinguemmo
voi	distinguete	distinguevate	distinguerete	distingueste
loro	distinguono	distinguevano	distingueranno	**distinsero**
	● passato prossimo	● trapassato prossimo	● futuro anteriore	● trapassato remoto
io	ho **distinto**	avevo **distinto**	avrò **distinto**	ebbi **distinto**
tu	hai **distinto**	avevi **distinto**	avrai **distinto**	avesti **distinto**
lui	ha **distinto**	aveva **distinto**	avrà **distinto**	ebbe **distinto**
noi	abbiamo **distinto**	avevamo **distinto**	avremo **distinto**	avemmo **distinto**
voi	avete **distinto**	avevate **distinto**	avrete **distinto**	aveste **distinto**
loro	hanno **distinto**	avevano **distinto**	avranno **distinto**	ebbero **distinto**

CONGIUNTIVO

	● presente	● imperfetto
io	distingua	distinguessi
tu	distingua	distinguessi
lui	distingua	distinguesse
noi	distinguiamo	distinguessimo
voi	distinguiate	distingueste
loro	distinguano	distinguessero
	● passato	● trapassato
io	abbia **distinto**	avessi **distinto**
tu	abbia **distinto**	avessi **distinto**
lui	abbia **distinto**	avesse **distinto**
noi	abbiamo **distinto**	avessimo **distinto**
voi	abbiate **distinto**	aveste **distinto**
loro	abbiano **distinto**	avessero **distinto**

CONDIZIONALE

	● semplice
io	distinguerei
tu	distingueresti
lui	distinguerebbe
noi	distingueremmo
voi	distinguereste
loro	distinguerebbero
	● composto
io	avrei **distinto**
tu	avresti **distinto**
lui	avrebbe **distinto**
noi	avremmo **distinto**
voi	avreste **distinto**
loro	avrebbero **distinto**

NOTE A PAG.117

IMPERATIVO

tu	distingui
lui	distingua
noi	distinguiamo
voi	distinguete
loro	distinguano

GERUNDIO

● semplice

distinguendo

● composto

avendo **distinto**

PARTICIPIO

● presente

distinguente

● passato

distinto

DISTINGUERE

DIVELLERE

INDICATIVO

	● presente	● imperfetto	● futuro	● passato remoto
io	**divelgo**/divello	divellevo	divellerò	**divelsi**
tu	divelli	divellevi	divellerai	divellesti
lui	divelle	divelleva	divellerà	**divelse**
noi	divelliamo	divellevamo	divelleremo	divellemmo
voi	divellete	divellevate	divellerete	divelleste
loro	**divelgono**/divellono	divellevano	divelleranno	**divelsero**
	● passato prossimo	● trapassato prossimo	● futuro anteriore	● trapassato remoto
io	ho **divelto**	avevo **divelto**	avrò **divelto**	ebbi **divelto**
tu	hai **divelto**	avevi **divelto**	avrai **divelto**	avesti **divelto**
lui	ha **divelto**	aveva **divelto**	avrà **divelto**	ebbe **divelto**
noi	abbiamo **divelto**	avevamo **divelto**	avremo **divelto**	avemmo **divelto**
voi	avete **divelto**	avevate **divelto**	avrete **divelto**	aveste **divelto**
loro	hanno **divelto**	avevano **divelto**	avranno **divelto**	ebbero **divelto**

CONGIUNTIVO

	● presente	● imperfetto
io	**divelga**/divella	divellessi
tu	**divelga**/divella	divellessi
lui	**divelga**/divella	divellesse
noi	divelliamo	divellessimo
voi	divelliate	divelleste
loro	**divelgano**	divellessero
	● passato	● trapassato
io	abbia **divelto**	avessi **divelto**
tu	abbia **divelto**	avessi **divelto**
lui	abbia **divelto**	avesse **divelto**
noi	abbiamo **divelto**	avessimo **divelto**
voi	abbiate **divelto**	aveste **divelto**
loro	abbiano **divelto**	avessero **divelto**

CONDIZIONALE

	● semplice
io	divellerei
tu	divelleresti
lui	divellerebbe
noi	divelleremmo
voi	divellereste
loro	divellerebbero
	● composto
io	avrei **divelto**
tu	avresti **divelto**
lui	avrebbe **divelto**
noi	avremmo **divelto**
voi	avreste **divelto**
loro	avrebbero **divelto**

IMPERATIVO

tu	divelli
lui	**divelga**/divella
noi	divelliamo
voi	divellete
loro	**divelgano**/divellano

GERUNDIO

● semplice

divellendo

● composto

avendo **divelto**

PARTICIPIO

● presente

divellente

● passato

divelto

INDICATIVO

	● presente	● imperfetto	● futuro	● passato remoto
io	**dolgo**	dolevo	dorrò	**dolsi**
tu	**duoli**	dolevi	dorrai	dolesti
lui	**duole**	doleva	dorrà	**dolse**
noi	doliamo/**dogliamo**	dolevamo	dorremo	dolemmo
voi	dolete	dolevate	dorrete	doleste
loro	**dolgono**	dolevano	dorranno	**dolsero**
	● passato prossimo	● trapassato prossimo	● futuro anteriore	● trapassato remoto
io	ho **doluto**	avevo **doluto**	avrò **doluto**	ebbi **doluto**
tu	hai **doluto**	avevi **doluto**	avrai **doluto**	avesti **doluto**
lui	ha **doluto**	aveva **doluto**	avrà **doluto**	ebbe **doluto**
noi	abbiamo **doluto**	avevamo **doluto**	avremo **doluto**	avemmo **doluto**
voi	avete **doluto**	avevate **doluto**	avrete **doluto**	aveste **doluto**
loro	hanno **doluto**	avevano **doluto**	avranno **doluto**	ebbero **doluto**

CONGIUNTIVO

	● presente	● imperfetto
io	**dolga**	dolessi
tu	**dolga**	dolessi
lui	**dolga**	dolesse
noi	doliamo/**dogliamo**	dolessimo
voi	doliate/**dogliate**	doleste
loro	**dolgano**	dolessero
	● passato	● trapassato
io	abbia **doluto**	avessi **doluto**
tu	abbia **doluto**	avessi **doluto**
lui	abbia **doluto**	avesse **doluto**
noi	abbiamo **doluto**	avessimo **doluto**
voi	abbiate **doluto**	aveste **doluto**
loro	abbiano **doluto**	avessero **doluto**

CONDIZIONALE

	● semplice
io	**dorrei**
tu	**dorresti**
lui	**dorrebbe**
noi	**dorremmo**
voi	**dorreste**
loro	**dorrebbero**
	● composto
io	avrei **doluto**
tu	avresti **doluto**
lui	avrebbe **doluto**
noi	avremmo **doluto**
voi	avreste **doluto**
loro	avrebbero **doluto**

NOTE A PAG.117

DOLERE

IMPERATIVO

tu	duoli
lui	dolga
noi	doliamo/**dogliamo**
voi	dolete
loro	**dolgano**

GERUNDIO

● semplice

dolendo

● composto

avendo **doluto**

PARTICIPIO

● presente

dolente

● passato

doluto

DOVERE

INDICATIVO

	● presente	● imperfetto	● futuro	● passato remoto
io	devo/**debbo**	dovevo	**dovrò**	dovei/dovetti
tu	devi	dovevi	**dovrai**	dovesti
lui	deve	doveva	**dovrà**	**dové**/dovette
noi	**dobbiamo**	dovevamo	**dovremo**	dovemmo
voi	dovete	dovevate	**dovrete**	doveste
loro	devono/**debbono**	dovevano	**dovranno**	doverono/dovettero

	● passato prossimo	● trapassato prossimo	● futuro anteriore	● trapassato remoto
io	ho dovuto	avevo dovuto	avrò dovuto	ebbi dovuto
tu	hai dovuto	avevi dovuto	avrai dovuto	avesti dovuto
lui	ha dovuto	aveva dovuto	avrà dovuto	ebbe dovuto
noi	abbiamo dovuto	avevamo dovuto	avremo dovuto	avemmo dovuto
voi	avete dovuto	avevate dovuto	avrete dovuto	aveste dovuto
loro	hanno dovuto	avevano dovuto	avranno dovuto	ebbero dovuto

CONGIUNTIVO

CONDIZIONALE

	● presente	● imperfetto	● semplice
io	**debba**/deva	dovessi	**dovrei**
tu	**debba**/deva	dovessi	**dovresti**
lui	**debba**/deva	dovesse	**dovrebbe**
noi	dobbiamo	dovessimo	**dovremmo**
voi	dobbiate	doveste	**dovreste**
loro	**debbano**/devano	dovessero	**dovrebbero**

	● passato	● trapassato	● composto
io	abbia dovuto	avessi dovuto	avrei dovuto
tu	abbia dovuto	avessi dovuto	avresti dovuto
lui	abbia dovuto	avesse dovuto	avrebbe dovuto
noi	abbiamo dovuto	avessimo dovuto	avremmo dovuto
voi	abbiate dovuto	aveste dovuto	avreste dovuto
loro	abbiano dovuto	avessero dovuto	avrebbero dovuto

NOTE A PAG. 117

IMPERATIVO

tu	*
lui	*
noi	*
voi	*
loro	*

GERUNDIO

● semplice

dovendo

● composto

avendo dovuto

PARTICIPIO

● presente

dovente

● passato

dovuto

ECCELLERE

INDICATIVO

	● presente	● imperfetto	● futuro	● passato remoto
io	eccello	eccellevo	eccellerò	**eccelsi**
tu	eccelli	eccellevi	eccellerai	eccellesti
lui	eccelle	eccelleva	eccellerà	**eccelse**
noi	eccelliamo	eccellevamo	eccelleremo	eccellemmo
voi	eccellete	eccellevate	eccellerete	eccelleste
loro	eccellono	eccellevano	eccelleranno	**eccelsero**

	● passato prossimo	● trapassato prossimo	● futuro anteriore	● trapassato remoto
io	ho **eccelso**	avevo **eccelso**	avrò **eccelso**	ebbi **eccelso**
tu	hai **eccelso**	avevi **eccelso**	avrai **eccelso**	avesti **eccelso**
lui	ha **eccelso**	aveva **eccelso**	avrà **eccelso**	ebbe **eccelso**
noi	abbiamo **eccelso**	avevamo **eccelso**	avremo **eccelso**	avemmo **eccelso**
voi	avete **eccelso**	avevate **eccelso**	avrete **eccelso**	aveste **eccelso**
loro	hanno **eccelso**	avevano **eccelso**	avranno **eccelso**	ebbero **eccelso**

CONGIUNTIVO

	● presente	● imperfetto
io	eccella	eccellessi
tu	eccella	eccellessi
lui	eccella	eccellesse
noi	eccelliamo	eccellessimo
voi	eccelliate	eccelleste
loro	eccellano	eccellessero

	● passato	● trapassato
io	abbia **eccelso**	avessi **eccelso**
tu	abbia **eccelso**	avessi **eccelso**
lui	abbia **eccelso**	avesse **eccelso**
noi	abbiamo **eccelso**	avessimo **eccelso**
voi	abbiate **eccelso**	aveste **eccelso**
loro	abbiano **eccelso**	avessero **eccelso**

CONDIZIONALE

	● semplice
io	eccellerei
tu	eccelleresti
lui	eccellerebbe
noi	eccelleremmo
voi	eccellereste
loro	eccellerebbero

	● composto
io	avrei **eccelso**
tu	avresti **eccelso**
lui	avrebbe **eccelso**
noi	avremmo **eccelso**
voi	avreste **eccelso**
loro	avrebbero **eccelso**

IMPERATIVO

tu	eccelli
lui	eccella
noi	eccelliamo
voi	eccellete
loro	eccellono

GERUNDIO

● semplice

eccellendo

● composto

avendo **eccelso**

PARTICIPIO

● presente

eccellente

● passato

eccelso

ECCELLERE

ESIGERE

INDICATIVO

	● presente	● imperfetto	● futuro	● passato remoto
io	esigo	esigevo	esigerò	esigei
tu	esigi	esigevi	esigerai	esigesti
lui	esige	esigeva	esigerà	esigé
noi	esigiamo	esigevamo	esigeremo	esigemmo
voi	esigete	esigevate	esigerete	esigeste
loro	esigono	esigevano	esigeranno	esigerono
	● passato prossimo	● trapassato prossimo	● futuro anteriore	● trapassato remoto
io	ho **esatto**	avevo **esatto**	avrò **esatto**	ebbi **esatto**
tu	hai **esatto**	avevi **esatto**	avrai **esatto**	avesti **esatto**
lui	ha **esatto**	aveva **esatto**	avrà **esatto**	ebbe **esatto**
noi	abbiamo **esatto**	avevamo **esatto**	avremo **esatto**	avemmo **esatto**
voi	avete **esatto**	avevate **esatto**	avrete **esatto**	aveste **esatto**
loro	hanno **esatto**	avevano **esatto**	avranno **esatto**	ebbero **esatto**

CONGIUNTIVO · CONDIZIONALE

	● presente	● imperfetto	● semplice
io	esiga	esigessi	esigerei
tu	esiga	esigessi	esigeresti
lui	esiga	esigesse	esigerebbe
noi	esigiamo	esigessimo	esigeremmo
voi	esigiate	esigeste	esigereste
loro	esigano	esigessero	esigerebbero
	● passato	● trapassato	● composto
io	abbia **esatto**	avessi **esatto**	avrei **esatto**
tu	abbia **esatto**	avessi **esatto**	avresti **esatto**
lui	abbia **esatto**	avesse **esatto**	avrebbe **esatto**
noi	abbiamo **esatto**	avessimo **esatto**	avremmo **esatto**
voi	abbiate **esatto**	aveste **esatto**	avreste **esatto**
loro	abbiano **esatto**	avessero **esatto**	avrebbero **esatto**

NOTE A
PAG. 117

IMPERATIVO · GERUNDIO · PARTICIPIO

IMPERATIVO		GERUNDIO	PARTICIPIO
tu	esigi	● semplice	● presente
lui	esiga	esigendo	esigente
noi	esigiamo	● composto	● passato
voi	esigete	avendo **esatto**	(esatto)
loro	esigano		

INDICATIVO

	● presente	● imperfetto	● futuro	● passato remoto
io	espello	espellevo	espellerò	**espulsi**
tu	espelli	espellevi	espellerai	espellesti
lui	espelle	espelleva	espellerà	**espulse**
noi	espelliamo	espellevamo	espelleremo	espellemmo
voi	espellete	espellevate	espellerete	espelleste
loro	espellono	espellevano	espelleranno	**espulsero**
	● passato prossimo	● trapassato prossimo	● futuro anteriore	● trapassato remoto
io	ho **espulso**	avevo **espulso**	avrò **espulso**	ebbi **espulso**
tu	hai **espulso**	avevi **espulso**	avrai **espulso**	avesti **espulso**
lui	ha **espulso**	aveva **espulso**	avrà **espulso**	ebbe **espulso**
noi	abbiamo **espulso**	avevamo **espulso**	avremo **espulso**	avemmo **espulso**
voi	avete **espulso**	avevate **espulso**	avrete **espulso**	aveste **espulso**
loro	hanno **espulso**	avevano **espulso**	avranno **espulso**	ebbero **espulso**

CONGIUNTIVO

	● presente	● imperfetto
io	espella	espellessi
tu	espella	espellessi
lui	espella	espellesse
noi	espelliamo	espellessimo
voi	espelliate	espelleste
loro	espellano	espellessero
	● passato	● trapassato
io	abbia **espulso**	avessi **espulso**
tu	abbia **espulso**	avessi **espulso**
lui	abbia **espulso**	avesse **espulso**
noi	abbiamo **espulso**	avessimo **espulso**
voi	abbiate **espulso**	aveste **espulso**
loro	abbiano **espulso**	avessero **espulso**

CONDIZIONALE

	● semplice
io	espellerei
tu	espelleresti
lui	espellerebbe
noi	espelleremmo
voi	espellereste
loro	espellerebbero
	● composto
io	avrei **espulso**
tu	avresti **espulso**
lui	avrebbe **espulso**
noi	avremmo **espulso**
voi	avreste **espulso**
loro	avrebbero **espulso**

IMPERATIVO

tu	espelli
lui	espella
noi	espelliamo
voi	espellete
loro	espellano

GERUNDIO

● semplice

espellendo

● composto

avendo **espulso**

PARTICIPIO

● presente

espellente

● passato

espulso

ESPELLERE

ESSERE

ESSERE

INDICATIVO

	● presente	● imperfetto	● futuro	● passato remoto
io	sono	ero	sarò	fui
tu	sei	eri	sarai	fosti
lui	è	era	sarà	fu
noi	siamo	eravamo	saremo	fummo
voi	siete	eravate	sarete	foste
loro	sono	erano	saranno	furono
	● passato prossimo	● trapassato prossimo	● futuro anteriore	● trapassato remoto
io	sono stato	ero stato	sarò stato	fui stato
tu	sei stato	eri stato	sarai stato	fosti stato
lui	è stato	era stato	sarà stato	fu stato
noi	siamo stati	eravamo stati	saremo stati	fummo stati
voi	siete stati	eravate stati	sarete stati	foste stati
loro	sono stati	erano stati	saranno stati	furono stati

CONGIUNTIVO

CONDIZIONALE

NOTE A PAG. 117

	● presente	● imperfetto	● semplice
io	sia	fossi	sarei
tu	sia	fossi	saresti
lui	sia	fosse	sarebbe
noi	siamo	fossimo	saremmo
voi	siate	foste	sareste
loro	siano	fossero	sarebbero
	● passato	● trapassato	● composto
io	sia stato	fossi stato	sarei stato
tu	sia stato	fossi stato	saresti stato
lui	sia stato	fosse stato	sarebbe stato
noi	siamo stati	fossimo stati	saremmo stati
voi	siate stati	foste stati	sareste stati
loro	siano stati	fossero stati	sarebbero stati

IMPERATIVO

tu	sii
lui	sia
noi	siamo
voi	siate
loro	siano

GERUNDIO

● semplice

essendo

● composto

essendo stato

PARTICIPIO

● presente

(essente)

● passato

stato

INDICATIVO

	● presente	● imperfetto	● futuro	● passato remoto
io	estinguo	estinguevo	estinguerò	**estinsi**
tu	estingui	estinguevi	estinguerai	estinguesti
lui	estingue	estingueva	estinguerà	**estinse**
noi	estinguiamo	estinguevamo	estingueremo	estinguemmo
voi	estinguete	estinguevate	estinguerete	estingueste
loro	estinguono	estinguevano	estingueranno	**estinsero**
	● passato prossimo	● trapassato prossimo	● futuro anteriore	● trapassato remoto
io	ho **estinto**	avevo **estinto**	avrò **estinto**	ebbi **estinto**
tu	hai **estinto**	avevi **estinto**	avrai **estinto**	avesti **estinto**
lui	ha **estinto**	aveva **estinto**	avrà **estinto**	ebbe **estinto**
noi	abbiamo **estinto**	avevamo **estinto**	avremo **estinto**	avemmo **estinto**
voi	avete **estinto**	avevate **estinto**	avrete **estinto**	aveste **estinto**
loro	hanno **estinto**	avevano **estinto**	avranno **estinto**	ebbero **estinto**

CONGIUNTIVO

	● presente	● imperfetto
io	estingua	estinguessi
tu	estingua	estinguessi
lui	estingua	estinguesse
noi	estinguiamo	estinguessimo
voi	estinguiate	estingueste
loro	estinguano	estinguessero
	● passato	● trapassato
io	abbia **estinto**	avessi **estinto**
tu	abbia **estinto**	avessi **estinto**
lui	abbia **estinto**	avesse **estinto**
noi	abbiamo **estinto**	avessimo **estinto**
voi	abbiate **estinto**	aveste **estinto**
loro	abbiano **estinto**	avessero **estinto**

CONDIZIONALE

	● semplice
io	estinguerei
tu	estingueresti
lui	estinguerebbe
noi	estingueremmo
voi	estinguereste
loro	estinguerebbero
	● composto
io	avrei **estinto**
tu	avresti **estinto**
lui	avrebbe **estinto**
noi	avremmo **estinto**
voi	avreste **estinto**
loro	avrebbero **estinto**

NOTE A PAG.117

IMPERATIVO

tu	estingui
lui	estingua
noi	estinguiamo
voi	estinguete
loro	estinguano

GERUNDIO

● semplice

estinguendo

● composto

avendo **estinto**

PARTICIPIO

● presente

estinguente

● passato

estinto

EVOLVERE

INDICATIVO

	● presente	● imperfetto	● futuro	● passato remoto
io	evolvo	evolvevo	evolverò	evolvei/evolvetti/**evolsi**
tu	evolvi	evolvevi	evolverai	evolvesti
lui	evolve	evolveva	evolverà	evolvé/evolvette/**evolse**
noi	evolviamo	evolvevamo	evolveremo	evolvemmo
voi	evolvete	evolvevate	evolverete	evolveste
loro	evolvono	evolvevano	evolveranno	evolverono/evolvettero/**evolsero**

	● passato prossimo	● trapassato prossimo	● futuro anteriore	● trapassato remoto
io	sono evoluto	ero evoluto	sarò evoluto	fui evoluto
tu	sei evoluto	eri evoluto	sarai evoluto	fosti evoluto
lui	è evoluto	era evoluto	sarà evoluto	fu evoluto
noi	siamo evoluti	eravamo evoluti	saremo evoluti	fummo evoluti
voi	siete evoluti	eravate evoluti	sarete evoluti	foste evoluti
loro	sono evoluti	erano evoluti	saranno evoluti	furono evoluti

CONGIUNTIVO — CONDIZIONALE

	● presente	● imperfetto	● semplice
io	evolva	evolvessi	evolverei
tu	evolva	evolvessi	evolveresti
lui	evolva	evolvesse	evolverebbe
noi	evolviamo	evolvessimo	evolveremmo
voi	evolviate	evolveste	evolvereste
loro	evolvano	evolvessero	evolverebbero

	● passato	● trapassato	● composto
io	sia evoluto	fossi evoluto	sarei evoluto
tu	sia evoluto	fossi evoluto	saresti evoluto
lui	sia evoluto	fosse evoluto	sarebbe evoluto
noi	siamo evoluti	fossimo evoluti	saremmo evoluti
voi	siate evoluti	foste evoluti	sareste evoluti
loro	siano evoluti	fossero evoluti	sarebbero evoluti

IMPERATIVO

tu	evolvi
lui	evolva
noi	evolviamo
voi	evolvete
loro	evolvano

GERUNDIO

● semplice

evolvendo

● composto

essendo evoluto

PARTICIPIO

● presente

evolvente

● passato

evoluto

INDICATIVO

	● presente	● imperfetto	● futuro	● passato remoto
io	faccio	facevo	farò	feci
tu	fai	facevi	farai	facesti
lui	fa	faceva	farà	fece
noi	facciamo	facevamo	faremo	facemmo
voi	fate	facevate	farete	faceste
loro	fanno	facevano	faranno	fecero
	● passato prossimo	● trapassato prossimo	● futuro anteriore	● trapassato remoto
io	ho fatto	avevo fatto	avrò fatto	ebbi fatto
tu	hai fatto	avevi fatto	avrai fatto	avesti fatto
lui	ha fatto	aveva fatto	avrà fatto	ebbe fatto
noi	abbiamo fatto	avevamo fatto	avremo fatto	avemmo fatto
voi	avete fatto	avevate fatto	avrete fatto	aveste fatto
loro	hanno fatto	avevano fatto	avranno fatto	ebbero fatto

CONGIUNTIVO

	● presente	● imperfetto
io	faccia	facessi
tu	faccia	facessi
lui	faccia	facesse
noi	facciamo	facessimo
voi	facciate	faceste
loro	facciano	facessero
	● passato	● trapassato
io	abbia fatto	avessi fatto
tu	abbia fatto	avessi fatto
lui	abbia fatto	avesse fatto
noi	abbiamo fatto	avessimo fatto
voi	abbiate fatto	aveste fatto
loro	abbiano fatto	avessero fatto

CONDIZIONALE

	● semplice
io	farei
tu	faresti
lui	farebbe
noi	faremmo
voi	fareste
loro	farebbero
	● composto
io	avrei fatto
tu	avresti fatto
lui	avrebbe fatto
noi	avremmo fatto
voi	avreste fatto
loro	avrebbero fatto

FARE

NOTE A
PAG.117

IMPERATIVO

tu	fa'/fai
lui	faccia
noi	facciamo
voi	fate
loro	facciano

GERUNDIO

● semplice

facendo

● composto

avendo fatto

PARTICIPIO

● presente

facente

● passato

fatto

FONDERE

INDICATIVO

	● presente	● imperfetto	● futuro	● passato remoto
io	fondo	fondevo	fonderò	**fusi**
tu	fondi	fondevi	fonderai	fondesti
lui	fonde	fondeva	fonderà	**fuse**
noi	fondiamo	fondevamo	fonderemo	fondemmo
voi	fondete	fondevate	fonderete	fondeste
loro	fondono	fondevano	fonderanno	**fusero**
	● passato prossimo	● trapassato prossimo	● futuro anteriore	● trapassato remoto
io	ho **fuso**	avevo **fuso**	avrò **fuso**	ebbi **fuso**
tu	hai **fuso**	avevi **fuso**	avrai **fuso**	avesti **fuso**
lui	ha **fuso**	aveva **fuso**	avrà **fuso**	ebbe **fuso**
noi	abbiamo **fuso**	avevamo **fuso**	avremo **fuso**	avemmo **fuso**
voi	avete **fuso**	avevate **fuso**	avrete **fuso**	aveste **fuso**
loro	hanno **fuso**	avevano **fuso**	avranno **fuso**	ebbero **fuso**

CONGIUNTIVO

	● presente	● imperfetto
io	fonda	fondessi
tu	fonda	fondessi
lui	fonda	fondesse
noi	fondiamo	fondessimo
voi	fondiate	fondeste
loro	fondano	fondessero
	● passato	● trapassato
io	abbia **fuso**	avessi **fuso**
tu	abbia **fuso**	avessi **fuso**
lui	abbia **fuso**	avesse **fuso**
noi	abbiamo **fuso**	avessimo **fuso**
voi	abbiate **fuso**	aveste **fuso**
loro	abbiano **fuso**	avessero **fuso**

CONDIZIONALE

	● semplice
io	fonderei
tu	fonderesti
lui	fonderebbe
noi	fonderemmo
voi	fondereste
loro	fonderebbero
	● composto
io	avrei **fuso**
tu	avresti **fuso**
lui	avrebbe **fuso**
noi	avremmo **fuso**
voi	avreste **fuso**
loro	avrebbero **fuso**

IMPERATIVO

tu	fondi
lui	fonda
noi	fondiamo
voi	fondete
loro	fondano

GERUNDIO

● semplice

fondendo

● composto

avendo **fuso**

PARTICIPIO

● presente

fondente

● passato

fuso

FULGERE

INDICATIVO

	● presente	● imperfetto	● futuro	● passato remoto
io	fulgo	fulgevo	fulgerò	**fulsi**
tu	fulgi	fulgevi	fulgerai	fulgesti
lui	fulge	fulgeva	fulgerà	**fulse**
noi	fulgiamo	fulgevamo	fulgeremo	fulgemmo
voi	fulgete	fulgevate	fulgerete	fulgeste
loro	fulgono	fulgevano	fulgeranno	**fulsero**
	● passato prossimo	● trapassato prossimo	● futuro anteriore	● trapassato remoto
io	*	*	*	*
tu	*	*	*	*
lui	*	*	*	*
noi	*	*	*	*
voi	*	*	*	*
loro	*	*	*	*

CONGIUNTIVO

	● presente	● imperfetto
io	fulga	fulgessi
tu	fulga	fulgessi
lui	fulga	fulgesse
noi	fulgiamo	fulgessimo
voi	fulgiate	fulgeste
loro	fulgano	fulgessero
	● passato	● trapassato
io	*	*
tu	*	*
lui	*	*
noi	*	*
voi	*	*
loro	*	*

CONDIZIONALE

	● semplice
io	fulgerei
tu	fulgeresti
lui	fulgerebbe
noi	fulgeremmo
voi	fulgereste
loro	fulgerebbero
	● composto
io	*
tu	*
lui	*
noi	*
voi	*
loro	*

NOTE A PAG.118

IMPERATIVO

tu	fulgi
lui	fulga
noi	fulgiamo
voi	fulgete
loro	fulgano

GERUNDIO

● semplice

fulgendo

● composto

*

PARTICIPIO

● presente

fulgente

● passato

*

FULGERE

INDICATIVO

	● presente	● imperfetto	● futuro	● passato remoto
io	**giaccio**	giacevo	giacerò	**giacqui**
tu	giaci	giacevi	giacerai	giacesti
lui	giace	giaceva	giacerà	**giacque**
noi	**giacciamo**/giaciamo	giacevamo	giaceremo	giacemmo
voi	giacete	giacevate	giacerete	giaceste
loro	**giacciono**	giacevano	giaceranno	**giacquero**
	● passato prossimo	● trapassato prossimo	● futuro anteriore	● trapassato remoto
io	ho **giaciuto**	avevo **giaciuto**	avrò **giaciuto**	ebbi **giaciuto**
tu	hai **giaciuto**	avevi **giaciuto**	avrai **giaciuto**	avesti **giaciuto**
lui	ha **giaciuto**	aveva **giaciuto**	avrà **giaciuto**	ebbe **giaciuto**
noi	abbiamo **giaciuto**	avevamo **giaciuto**	avremo **giaciuto**	avemmo **giaciuto**
voi	avete **giaciuto**	avevate **giaciuto**	avrete **giaciuto**	aveste **giaciuto**
loro	hanno **giaciuto**	avevano **giaciuto**	avranno **giaciuto**	ebbero **giaciuto**

GIACERE

NOTE A
PAG. 118

CONGIUNTIVO

	● presente	● imperfetto
io	**giaccia**	giacessi
tu	**giaccia**	giacessi
lui	**giaccia**	giacesse
noi	**giacciamo**/giaciamo	giacessimo
voi	**giacciate**/giaciate	giaceste
loro	**giacciano**	giacessero
	● passato	● trapassato
io	abbia **giaciuto**	avessi **giaciuto**
tu	abbia **giaciuto**	avessi **giaciuto**
lui	abbia **giaciuto**	avesse **giaciuto**
noi	abbiamo **giaciuto**	avessimo **giaciuto**
voi	abbiate **giaciuto**	aveste **giaciuto**
loro	abbiano **giaciuto**	avessero **giaciuto**

CONDIZIONALE

	● semplice
	giacerei
	giaceresti
	giacerebbe
	giaceremmo
	giacereste
	giacerebbero
	● composto
	avrei **giaciuto**
	avresti **giaciuto**
	avrebbe **giaciuto**
	avremmo **giaciuto**
	avreste **giaciuto**
	avrebbero **giaciuto**

IMPERATIVO

tu	giaci
lui	**giaccia**
noi	**giacciamo**
voi	giacete
loro	**giacciano**

GERUNDIO

● semplice

giacendo

● composto

avendo **giaciuto**

PARTICIPIO

● presente

giacente

● passato

giaciuto

INDICATIVO

	● presente	● imperfetto	● futuro	● passato remoto
io	godo	godevo	**godrò**	godei
tu	godi	godevi	**godrai**	godesti
lui	gode	godeva	**godrà**	godé
noi	godiamo	godevamo	**godremo**	godemmo
voi	godete	godevate	**godrete**	godeste
loro	godono	godevano	**godranno**	goderono
	● passato prossimo	● trapassato prossimo	● futuro anteriore	● trapassato remoto
io	ho goduto	avevo goduto	avrò goduto	ebbi goduto
tu	hai goduto	avevi goduto	avrai goduto	avesti goduto
lui	ha goduto	aveva goduto	avrà goduto	ebbe goduto
noi	abbiamo goduto	avevamo goduto	avremo goduto	avemmo goduto
voi	avete goduto	avevate goduto	avrete goduto	aveste goduto
loro	hanno goduto	avevano goduto	avranno goduto	ebbero goduto

CONGIUNTIVO

	● presente	● imperfetto
io	goda	godessi
tu	goda	godessi
lui	goda	godesse
noi	godiamo	godessimo
voi	godiate	godeste
loro	godano	godessero
	● passato	● trapassato
io	abbia goduto	avessi goduto
tu	abbia goduto	avessi goduto
lui	abbia goduto	avesse goduto
noi	abbiamo goduto	avessimo goduto
voi	abbiate goduto	aveste goduto
loro	abbiano goduto	avessero goduto

CONDIZIONALE

	● semplice
io	**godrei**
tu	**godresti**
lui	**godrebbe**
noi	**godremmo**
voi	**godreste**
loro	**godrebbero**
	● composto
io	avrei goduto
tu	avresti goduto
lui	avrebbe goduto
noi	avremmo goduto
voi	avreste goduto
loro	avrebbero goduto

IMPERATIVO

tu	godi
lui	goda
noi	godiamo
voi	godete
loro	godano

GERUNDIO

● semplice

godendo

● composto

avendo goduto

PARTICIPIO

● presente

godente/**gaudente**

● passato

goduto

INDICATIVO

	• presente	• imperfetto	• futuro	• passato remoto
io	incuto	incutevo	incuterò	incutei/**incussi**
tu	incuti	incutevi	incuterai	incutesti
lui	incute	incuteva	incuterà	incuté/**incusse**
noi	incutiamo	incutevamo	incuteremo	incutemmo
voi	incutete	incutevate	incuterete	incuteste
loro	incutono	incutevano	incuteranno	incuterono/**incussero**
	• passato prossimo	• trapassato prossimo	• futuro anteriore	• trapassato remoto
io	ho **incusso**	avevo **incusso**	avrò **incusso**	ebbi **incusso**
tu	hai **incusso**	avevi **incusso**	avrai **incusso**	avesti **incusso**
lui	ha **incusso**	aveva **incusso**	avrà **incusso**	ebbe **incusso**
noi	abbiamo **incusso**	avevamo **incusso**	avremo **incusso**	avemmo **incusso**
voi	avete **incusso**	avevate **incusso**	avrete **incusso**	aveste **incusso**
loro	hanno **incusso**	avevano **incusso**	avranno **incusso**	ebbero **incusso**

CONGIUNTIVO — CONDIZIONALE

	• presente	• imperfetto	• semplice
io	incuta	incutessi	incuterei
tu	incuta	incutessi	incuteresti
lui	incuta	incutesse	incuterebbe
noi	incutiamo	incutessimo	incuteremmo
voi	incutete	incuteste	incutereste
loro	incutano	incutessero	incuterebbero
	• passato	• trapassato	• composto
io	abbia **incusso**	avessi **incusso**	avrei **incusso**
tu	abbia **incusso**	avessi **incusso**	avresti **incusso**
lui	abbia **incusso**	avesse **incusso**	avrebbe **incusso**
noi	abbiamo **incusso**	avessimo **incusso**	avremmo **incusso**
voi	abbiate **incusso**	aveste **incusso**	avreste **incusso**
loro	abbiano **incusso**	avessero **incusso**	avrebbero **incusso**

NOTE A PAG. 118

IMPERATIVO

tu	incuti
lui	incuta
noi	incutiamo
voi	incutete
loro	incutano

GERUNDIO

• semplice

incutendo

• composto

avendo **incusso**

PARTICIPIO

• presente

incutente

• passato

incusso

INCUTERE

INDICATIVO

	● presente	● imperfetto	● futuro	● passato remoto
io	inferisco	inferivo	inferirò	inferii/**infersi**
tu	inferisci	inferivi	inferirai	inferisti
lui	inferisce	inferiva	inferirà	inferì/**inferse**
noi	inferiamo	inferivamo	inferiremo	inferimmo
voi	inferite	inferivate	inferirete	inferiste
loro	inferiscono	inferivano	inferiranno	inferirono/**infersero**
	● passato prossimo	● trapassato prossimo	● futuro anteriore	● trapassato remoto
io	ho **inferto**	avevo **inferto**	avrò **inferto**	ebbi **inferto**
tu	hai **inferto**	avevi **inferto**	avrai **inferto**	avesti **inferto**
lui	ha **inferto**	aveva **inferto**	avrà **inferto**	ebbe **inferto**
noi	abbiamo **inferto**	avevamo **inferto**	avremo **inferto**	avemmo **inferto**
voi	avete **inferto**	avevate **inferto**	avrete **inferto**	aveste **inferto**
loro	hanno **inferto**	avevano **inferto**	avranno **inferto**	ebbero **inferto**

CONGIUNTIVO

	● presente	● imperfetto
io	inferisca	inferissi
tu	inferisca	inferissi
lui	inferisca	inferisse
noi	inferiamo	inferissimo
voi	inferiate	inferiste
loro	inferiscano	inferissero
	● passato	● trapassato
io	abbia **inferto**	avessi **inferto**
tu	abbia **inferto**	avessi **inferto**
lui	abbia **inferto**	avesse **inferto**
noi	abbiamo **inferto**	avessimo **inferto**
voi	abbiate **inferto**	aveste **inferto**
loro	abbiano **inferto**	avessero **inferto**

CONDIZIONALE

	● semplice
io	inferirei
tu	inferiresti
lui	inferirebbe
noi	inferiremmo
voi	inferireste
loro	inferirebbero
	● composto
io	avrei **inferto**
tu	avresti **inferto**
lui	avrebbe **inferto**
noi	avremmo **inferto**
voi	avreste **inferto**
loro	avrebbero **inferto**

NOTE A
PAG.118

INFERIRE

IMPERATIVO

tu	inferisci
lui	inferisca
noi	inferiamo
voi	inferite
loro	inferiscano

GERUNDIO

● semplice

inferendo

● composto

avendo **inferto**

PARTICIPIO

● presente

inferente

● passato

inferto

INDICATIVO

	● presente	● imperfetto	● futuro	● passato remoto
io	metto	mettevo	metterò	**misi**
tu	metti	mettevi	metterai	mettesti
lui	mette	metteva	metterà	**mise**
noi	mettiamo	mettevamo	metteremo	mettemmo
voi	mettete	mettevate	metterete	metteste
loro	mettono	mettevano	metteranno	**misero**
	● passato prossimo	● trapassato prossimo	● futuro anteriore	● trapassato remoto
io	ho **messo**	avevo **messo**	avrò **messo**	ebbi **messo**
tu	hai **messo**	avevi **messo**	avrai **messo**	avesti **messo**
lui	ha **messo**	aveva **messo**	avrà **messo**	ebbe **messo**
noi	abbiamo **messo**	avevamo **messo**	avremo **messo**	avemmo **messo**
voi	avete **messo**	avevate **messo**	avrete **messo**	aveste **messo**
loro	hanno **messo**	avevano **messo**	avranno **messo**	ebbero **messo**

CONGIUNTIVO — CONDIZIONALE

	● presente	● imperfetto	● semplice
io	metta	mettessi	metterei
tu	metta	mettessi	metteresti
lui	metta	mettesse	metterebbe
noi	mettiamo	mettessimo	metteremmo
voi	mettiate	metteste	mettereste
loro	mettano	mettessero	metterebbero
	● passato	● trapassato	● composto
io	abbia **messo**	avessi **messo**	avrei **messo**
tu	abbia **messo**	avessi **messo**	avresti **messo**
lui	abbia **messo**	avesse **messo**	avrebbe **messo**
noi	abbiamo **messo**	avessimo **messo**	avremmo **messo**
voi	abbiate **messo**	aveste **messo**	avreste **messo**
loro	abbiano **messo**	avessero **messo**	avrebbero **messo**

NOTE A PAG. 118

IMPERATIVO

tu	metti
lui	metta
noi	mettiamo
voi	mettete
loro	mettano

GERUNDIO

● semplice

mettendo

● composto

avendo **messo**

PARTICIPIO

● presente

(mettente)

● passato

messo

INDICATIVO

	● presente	● imperfetto	● futuro	● passato remoto
io	**muoio**	morivo	morirò/**morrò**	morii
tu	**muori**	morivi	morirai/**morrai**	moristi
lui	**muore**	moriva	morirà/**morrà**	morì
noi	moriamo	morivamo	moriremo/**morremo**	morimmo
voi	morite	morivate	morirete/**morrete**	moriste
loro	**muoiono**	morivano	moriranno/**morranno**	morirono
	● passato prossimo	● trapassato prossimo	● futuro anteriore	● trapassato remoto
io	sono **morto**	ero **morto**	sarò **morto**	fui **morto**
tu	sei **morto**	eri **morto**	sarai **morto**	fosti **morto**
lui	è **morto**	era **morto**	sarà **morto**	fu **morto**
noi	siamo **morti**	eravamo **morti**	saremo **morti**	fummo **morti**
voi	siete **morti**	eravate **morti**	sarete **morti**	foste **morti**
loro	sono **morti**	erano **morti**	saranno **morti**	furono **morti**

CONGIUNTIVO

	● presente	● imperfetto
io	**muoia**	morissi
tu	**muoia**	morissi
lui	**muoia**	morisse
noi	moriamo	morissimo
voi	moriate	moriste
loro	**muoiano**	morissero
	● passato	● trapassato
io	sia **morto**	fossi **morto**
tu	sia **morto**	fossi **morto**
lui	sia **morto**	fosse **morto**
noi	siamo **morti**	fossimo **morti**
voi	siate **morti**	foste **morti**
loro	siano **morti**	fossero **morti**

CONDIZIONALE

	● semplice
io	morirei/**morrei**
tu	moriresti/**morresti**
lui	morirebbe/**morrebbe**
noi	moriremmo/**morremmo**
voi	morireste/**morreste**
loro	morirebbero/**morrebbero**
	● composto
io	sarei **morto**
tu	saresti **morto**
lui	sarebbe **morto**
noi	saremmo **morti**
voi	sareste **morti**
loro	sarebbero **morti**

IMPERATIVO

tu	**muori**
lui	**muoia**
noi	moriamo
voi	morite
loro	**muoiano**

GERUNDIO

● semplice

morendo

● composto

essendo **morto**

PARTICIPIO

● presente

morente

● passato

morto

MORIRE

MUOVERE

INDICATIVO

	● presente	● imperfetto	● futuro	● passato remoto
io	muovo	muovevo	muoverò	**mossi**
tu	muovi	muovevi	muoverai	muovesti
lui	muove	muoveva	muoverà	**mosse**
noi	muoviamo	muovevamo	muoveremo	muovemmo
voi	muovete	muovevate	muoverete	muoveste
loro	muovono	muovevano	muoveranno	**mossero**

	● passato prossimo	● trapassato prossimo	● futuro anteriore	● trapassato remoto
io	ho **mosso**	avevo **mosso**	avrò **mosso**	ebbi **mosso**
tu	hai **mosso**	avevi **mosso**	avrai **mosso**	avesti **mosso**
lui	ha **mosso**	aveva **mosso**	avrà **mosso**	ebbe **mosso**
noi	abbiamo **mosso**	avevamo **mosso**	avremo **mosso**	avemmo **mosso**
voi	avete **mosso**	avevate **mosso**	avrete **mosso**	aveste **mosso**
loro	hanno **mosso**	avevano **mosso**	avranno **mosso**	ebbero **mosso**

MUOVERE

CONGIUNTIVO

	● presente	● imperfetto
io	muova	muovessi
tu	muova	muovessi
lui	muova	muovesse
noi	muoviamo	muovessimo
voi	muoviate	muoveste
loro	muovano	muovessero

	● passato	● trapassato
io	abbia **mosso**	avessi **mosso**
tu	abbia **mosso**	avessi **mosso**
lui	abbia **mosso**	avesse **mosso**
noi	abbiamo **mosso**	avessimo **mosso**
voi	abbiate **mosso**	aveste **mosso**
loro	abbiano **mosso**	avessero **mosso**

NOTE A PAG. 119

CONDIZIONALE

	● semplice
muoverei
muoveresti
muoverebbe
muoveremmo
muovereste
muoverebbero

	● composto
avrei **mosso**
avresti **mosso**
avrebbe **mosso**
avremmo **mosso**
avreste **mosso**
avrebbero **mosso**

IMPERATIVO

tu	muovi
lui	muova
noi	muoviamo
voi	muovete
loro	muovano

GERUNDIO

● semplice

muovendo

● composto

avendo **mosso**

PARTICIPIO

● presente

movente

● passato

mosso

INDICATIVO

	● presente	● imperfetto	● futuro	● passato remoto
io	nasco	nascevo	nascerò	**nacqui**
tu	nasci	nascevi	nascerai	nascesti
lui	nasce	nasceva	nascerà	nacque
noi	nasciamo	nascevamo	nasceremo	**nascemmo**
voi	nascete	nascevate	nascerete	nasceste
loro	nascono	nascevano	nasceranno	**nacquero**
	● passato prossimo	● trapassato prossimo	● futuro anteriore	● trapassato remoto
io	sono **nato**	ero **nato**	sarò **nato**	fui **nato**
tu	sei **nato**	eri **nato**	sarai **nato**	fosti **nato**
lui	è **nato**	era **nato**	sarà **nato**	fu **nato**
noi	siamo **nati**	eravamo **nati**	saremo **nati**	fummo **nati**
voi	siete **nati**	eravate **nati**	sarete **nati**	foste **nati**
loro	sono **nati**	erano **nati**	saranno **nati**	furono **nati**

CONGIUNTIVO

	● presente	● imperfetto
io	nasca	nascessi
tu	nasca	nascessi
lui	nasca	nascesse
noi	nasciamo	nascessimo
voi	nasciate	nasceste
loro	nascano	nascessero
	● passato	● trapassato
io	sia **nato**	fossi **nato**
tu	sia **nato**	fossi **nato**
lui	sia **nato**	fosse **nato**
noi	siamo **nati**	fossimo **nati**
voi	siate **nati**	foste **nati**
loro	siano **nati**	fossero **nati**

CONDIZIONALE

	● semplice
io	nascerei
tu	nasceresti
lui	nascerebbe
noi	nasceremmo
voi	nascereste
loro	nascerebbero
	● composto
io	sarei **nato**
tu	saresti **nato**
lui	sarebbe **nato**
noi	saremmo **nati**
voi	sareste **nati**
loro	sarebbero **nati**

IMPERATIVO

tu	nasci
lui	nasca
noi	nasciamo
voi	nascete
loro	nascano

GERUNDIO

● semplice

nascendo

● composto

essendo **nato**

PARTICIPIO

● presente

nascente

● passato

nato

NASCERE

INDICATIVO

	● presente	● imperfetto	● futuro	● passato remoto
io	nascondo	nascondevo	nasconderò	**nascosi**
tu	nascondi	nascondevi	nasconderai	nascondesti
lui	nasconde	nascondeva	nasconderà	**nascose**
noi	nascondiamo	nascondevamo	nasconderemo	nascondemmo
voi	nascondete	nascondevate	nasconderete	nascondeste
loro	nascondono	nascondevano	nasconderanno	**nascosero**
	● passato prossimo	● trapassato prossimo	● futuro anteriore	● trapassato remoto
io	ho **nascosto**	avevo **nascosto**	avrò **nascosto**	ebbi **nascosto**
tu	hai **nascosto**	avevi **nascosto**	avrai **nascosto**	avesti **nascosto**
lui	ha **nascosto**	aveva **nascosto**	avrà **nascosto**	ebbe **nascosto**
noi	abbiamo **nascosto**	avevamo **nascosto**	avremo **nascosto**	avemmo **nascosto**
voi	avete **nascosto**	avevate **nascosto**	avrete **nascosto**	aveste **nascosto**
loro	hanno **nascosto**	avevano **nascosto**	avranno **nascosto**	ebbero **nascosto**

CONGIUNTIVO

	● presente	● imperfetto
io	nasconda	nascondessi
tu	nasconda	nascondessi
lui	nasconda	nascondesse
noi	nascondiamo	nascondessimo
voi	nascondiate	nascondeste
loro	nascondano	nascondessero
	● passato	● trapassato
io	abbia **nascosto**	avessi **nascosto**
tu	abbia **nascosto**	avessi **nascosto**
lui	abbia **nascosto**	avesse **nascosto**
noi	abbiamo **nascosto**	avessimo **nascosto**
voi	abbiate **nascosto**	aveste **nascosto**
loro	abbiano **nascosto**	avessero **nascosto**

CONDIZIONALE

	● semplice
	nasconderei
	nasconderesti
	nasconderebbe
	nasconderemmo
	nascondereste
	nasconderebbero
	● composto
	avrei **nascosto**
	avresti **nascosto**
	avrebbe **nascosto**
	avremmo **nascosto**
	avreste **nascosto**
	avrebbero **nascosto**

NOTE A PAG. 119

IMPERATIVO

tu	nascondi
lui	nasconda
noi	nascondiamo
voi	nascondete
loro	nascondano

GERUNDIO

● semplice

nascondendo

● composto

avendo **nascosto**

PARTICIPIO

● presente

nascondente

● passato

nascosto

INDICATIVO

● presente	● imperfetto	● futuro	● passato remoto
io	nuoccio	nuocevo	nuocerò	nocqui
tu	nuoci	nuocevi	nuocerai	nuocesti
lui	nuoce	nuoceva	nuocerà	nocque
noi	nuociamo	nuocevamo	nuoceremo	nuocemmo
voi	nuocete	nuocevate	nuocerete	nuoceste
loro	nuocciono	nuocevano	nuoceranno	nocquero

● passato prossimo	● trapassato prossimo	● futuro anteriore	● trapassato remoto
io	ho nuociuto	avevo nuociuto	avrò nuociuto	ebbi nuociuto
tu	hai nuociuto	avevi nuociuto	avrai nuociuto	avesti nuociuto
lui	ha nuociuto	aveva nuociuto	avrà nuociuto	ebbe nuociuto
noi	abbiamo nuociuto	avevamo nuociuto	avremo nuociuto	avemmo nuociuto
voi	avete nuociuto	avevate nuociuto	avrete nuociuto	aveste nuociuto
loro	hanno nuociuto	avevano nuociuto	avranno nuociuto	ebbero nuociuto

CONGIUNTIVO

● presente	● imperfetto
io	nuoccia	nuocessi
tu	nuoccia	nuocessi
lui	nuoccia	nuocesse
noi	nuociamo	nuocessimo
voi	nuociate	nuoceste
loro	nuocciano	nuocessero

● passato	● trapassato
io	abbia nuociuto	avessi nuociuto
tu	abbia nuociuto	avessi nuociuto
lui	abbia nuociuto	avesse nuociuto
noi	abbiamo nuociuto	avessimo nuociuto
voi	abbiate nuociuto	aveste nuociuto
loro	abbiano nuociuto	avessero nuociuto

CONDIZIONALE

● semplice
nuocerei
nuoceresti
nuocerebbe
nuoceremmo
nuocereste
nuocerebbero

● composto
avrei nuociuto
avresti nuociuto
avrebbe nuociuto
avremmo nuociuto
avreste nuociuto
avrebbero nuociuto

NOTE A
PAG. 119

NOTE A PAG. 119

NUOCERE

IMPERATIVO

tu	nuoci
lui	nuoccia
noi	nuociamo
voi	nuocete
loro	nuocciano

GERUNDIO

● semplice

nuocendo

● composto

avendo nuociuto

PARTICIPIO

● presente

nocente

● passato

nuociuto/nociuto

OFFRIRE

INDICATIVO

	presente	imperfetto	futuro	passato remoto
io	offro	offrivo	offrirò	offrii
tu	offri	offrivi	offrirai	offristi
lui	offre	offriva	offrirà	offrì
noi	offriamo	offrivamo	offriremo	offrimmo
voi	offrite	offrivate	offrirete	offriste
loro	offrono	offrivano	offriranno	offrirono

	passato prossimo	trapassato prossimo	futuro anteriore	trapassato remoto
io	ho offerto	avevo offerto	avrò offerto	ebbi offerto
tu	hai offerto	avevi offerto	avrai offerto	avesti offerto
lui	ha offerto	aveva offerto	avrà offerto	ebbe offerto
noi	abbiamo offerto	avevamo offerto	avremo offerto	avemmo offerto
voi	avete offerto	avevate offerto	avrete offerto	aveste offerto
loro	hanno offerto	avevano offerto	avranno offerto	ebbero offerto

CONGIUNTIVO

	presente	imperfetto
io	offra	offrissi
tu	offra	offrissi
lui	offra	offrisse
noi	offriamo	offrissimo
voi	offriate	offriste
loro	offrano	offrissero

	passato	trapassato
io	abbia offerto	avessi offerto
tu	abbia offerto	avessi offerto
lui	abbia offerto	avesse offerto
noi	abbiamo offerto	avessimo offerto
voi	abbiate offerto	aveste offerto
loro	abbiano offerto	avessero offerto

CONDIZIONALE

	semplice
io	offrirei
tu	offriresti
lui	offrirebbe
noi	offriremmo
voi	offrireste
loro	offrirebbero

	composto
io	avrei offerto
tu	avresti offerto
lui	avrebbe offerto
noi	avremmo offerto
voi	avreste offerto
loro	avrebbero offerto

NOTE A PAG. 119

IMPERATIVO

tu	offri
lui	offra
noi	offriamo
voi	offrite
loro	offrano

GERUNDIO

semplice

offrendo

composto

avendo offerto

PARTICIPIO

presente

offerente

passato

offerto

OFFRIRE

INDICATIVO

	● presente	● imperfetto	● futuro	● passato remoto
io	**paio**	parevo	**parrò**	**parvi**
tu	pari	parevi	**parrai**	paresti
lui	pare	pareva	**parrà**	**parve**
noi	**paiámo**/pariamo	parevamo	**parremo**	paremmo
voi	parete	parevate	**parrete**	pareste
loro	**paiono**	parevano	**parranno**	**parvero**
	● passato prossimo	● trapassato prossimo	● futuro anteriore	● trapassato remoto
io	sono **parso**	ero **parso**	sarò **parso**	fui **parso**
tu	sei **parso**	eri **parso**	sarai **parso**	fosti **parso**
lui	è **parso**	era **parso**	sarà **parso**	fu **parso**
noi	siamo **parsi**	eravamo **parsi**	saremo **parsi**	fummo **parsi**
voi	siete **parsi**	eravate **parsi**	sarete **parsi**	foste **parsi**
loro	sono **parsi**	erano **parsi**	saranno **parsi**	furono **parsi**

CONGIUNTIVO / CONDIZIONALE

	● presente	● imperfetto	● semplice
io	**paia**	paressi	**parrei**
tu	**paia**	paressi	**parresti**
lui	**paia**	paresse	**parrebbe**
noi	**paiamo**	paressimo	**parremmo**
voi	**paiate**	pareste	**parreste**
loro	**paiano**	paressero	**parrebbero**
	● passato	● trapassato	● composto
io	sia **parso**	fossi **parso**	sarei **parso**
tu	sia **parso**	fossi **parso**	saresti **parso**
lui	sia **parso**	fosse **parso**	sarebbe **parso**
noi	siamo **parsi**	fossimo **parsi**	saremmo **parsi**
voi	siate **parsi**	foste **parsi**	sareste **parsi**
loro	siano **parsi**	fossero **parsi**	sarebbero **parsi**

IMPERATIVO

tu	*
lui	*
noi	*
voi	*
loro	*

GERUNDIO

● semplice

parendo

● composto

essendo **parso**

PARTICIPIO

● presente

(**parvente**)

● passato

parso

PERCUOTERE

INDICATIVO

	• presente	• imperfetto	• futuro	• passato remoto
io	percuoto	percuotevo	percuoterò	**percossi**
tu	percuoti	percuotevi	percuoterai	percuotesti
lui	percuote	percuoteva	percuoterà	**percosse**
noi	percuotiamo	percuotevamo	percuoteremo	percuotemmo
voi	percuotete	percuotevate	percuoterete	percuoteste
loro	percuotono	percuotevano	percuoteranno	**percossero**
	• passato prossimo	• trapassato prossimo	• futuro anteriore	• trapassato remoto
io	ho **percosso**	avevo **percosso**	avrò **percosso**	ebbi **percosso**
tu	hai **percosso**	avevi **percosso**	avrai **percosso**	avesti **percosso**
lui	ha **percosso**	aveva **percosso**	avrà **percosso**	ebbe **percosso**
noi	abbiamo **percosso**	avevamo **percosso**	avremo **percosso**	avemmo **percosso**
voi	avete **percosso**	avevate **percosso**	avrete **percosso**	aveste **percosso**
loro	hanno **percosso**	avevano **percosso**	avranno **percosso**	ebbero **percosso**

CONGIUNTIVO

CONDIZIONALE

	• presente	• imperfetto	• semplice
io	percuota	percuotessi	percuoterei
tu	percuota	percuotessi	percuoteresti
lui	percuota	percuotesse	percuoterebbe
noi	percuotiamo	percuotessimo	percuoteremmo
voi	percuotiate	percuoteste	percuotereste
loro	percuotano	percuotessero	percuoterebbero
	• passato	• trapassato	• composto
io	abbia **percosso**	avessi **percosso**	avrei **percosso**
tu	abbia **percosso**	avessi **percosso**	avresti **percosso**
lui	abbia **percosso**	avesse **percosso**	avrebbe **percosso**
noi	abbiamo **percosso**	avessimo **percosso**	avremmo **percosso**
voi	abbiate **percosso**	aveste **percosso**	avreste **percosso**
loro	abbiano **percosso**	avessero **percosso**	avrebbero **percosso**

NOTE A PAG. 119

IMPERATIVO

tu	percuoti
lui	percuota
noi	percuotiamo
voi	percuotete
loro	percuotano

GERUNDIO

• semplice

percuotendo

• composto

avendo **percosso**

PARTICIPIO

• presente

percuotente

• passato

percosso

PERCUOTERE

PERMANERE

INDICATIVO

	● presente	● imperfetto	● futuro	● passato remoto
io	**permango**	permanevo	**permarrò**	**permasi**
tu	permani	permanevi	**permarrai**	permanesti
lui	permane	permaneva	**permarrà**	**permase**
noi	permaniamo	permanevamo	**permarremo**	permanemmo
voi	permanete	permanevate	**permarrete**	permaneste
loro	**permangono**	permanevano	**permarranno**	**permasero**
	● passato prossimo	● trapassato prossimo	● futuro anteriore	● trapassato remoto
io	*	*	*	*
tu	*	*	*	*
lui	*	*	*	*
noi	*	*	*	*
voi	*	*	*	*
loro	*	*	*	*

CONGIUNTIVO

	● presente	● imperfetto
io	**permanga**	permanessi
tu	**permanga**	permanessi
lui	**permanga**	permanesse
noi	permaniamo	permanessimo
voi	permaniate	permaneste
loro	**permangano**	permanessero
	● passato	● trapassato
io	*	*
tu	*	*
lui	*	*
noi	*	*
voi	*	*
loro	*	*

CONDIZIONALE

	● semplice
io	**permarrei**
tu	**permarresti**
lui	**permarrebbe**
noi	**permarremmo**
voi	**permarreste**
loro	**permarrebbero**
	● composto
io	*
tu	*
lui	*
noi	*
voi	*
loro	*

NOTE A
PAG.119

IMPERATIVO

tu	permani
lui	**permanga**
noi	permaniamo
voi	permanete
loro	**permangano**

GERUNDIO

● semplice

permanendo

● composto

*

PARTICIPIO

● presente

permanente

● passato

*

PERMANERE

INDICATIVO

	● presente	● imperfetto	● futuro	● passato remoto
io	**piaccio**	piacevo	piacerò	**piacqui**
tu	piaci	piacevi	piacerai	piacesti
lui	piace	piaceva	piacerà	**piacque**
noi	**piacciamo**	piacevamo	piaceremo	piacemmo
voi	piacete	piacevate	piacerete	piaceste
loro	**piacciono**	piacevano	piaceranno	**piacquero**
	● passato prossimo	● trapassato prossimo	● futuro anteriore	● trapassato remoto
io	sono **piaciuto**	ero **piaciuto**	sarò **piaciuto**	fui **piaciuto**
tu	sei **piaciuto**	eri **piaciuto**	sarai **piaciuto**	fosti **piaciuto**
lui	è **piaciuto**	era **piaciuto**	sarà **piaciuto**	fu **piaciuto**
noi	siamo **piaciuti**	eravamo **piaciuti**	saremo **piaciuti**	fummo **piaciuti**
voi	siete **piaciuti**	eravate **piaciuti**	sarete **piaciuti**	foste **piaciuti**
loro	sono **piaciuti**	erano **piaciuti**	saranno **piaciuti**	furono **piaciuti**

CONGIUNTIVO — CONDIZIONALE

	● presente	● imperfetto	● semplice
io	**piaccia**	piacessi	piacerei
tu	**piaccia**	piacessi	piaceresti
lui	**piaccia**	piacesse	piacerebbe
noi	**piacciamo**	piacessimo	piaceremmo
voi	**piacciate**	piaceste	piacereste
loro	**piacciano**	piacessero	piacerebbero
	● passato	● trapassato	● composto
io	sia **piaciuto**	fossi **piaciuto**	sarei **piaciuto**
tu	sia **piaciuto**	fossi **piaciuto**	saresti **piaciuto**
lui	sia **piaciuto**	fosse **piaciuto**	sarebbe **piaciuto**
noi	siamo **piaciuti**	fossimo **piaciuti**	saremmo **piaciuti**
voi	siate **piaciuti**	foste **piaciuti**	sareste **piaciuti**
loro	siano **piaciuti**	fossero **piaciuti**	sarebbero **piaciuti**

NOTE A PAG. 119

IMPERATIVO

tu	piaci
lui	**piaccia**
noi	**piacciamo**
voi	piacete
loro	**piacciano**

GERUNDIO

● semplice

piacendo

● composto

essendo **piaciuto**

PARTICIPIO

● presente

piacente

● passato

piaciuto

PIOVERE

INDICATIVO

	• presente	• imperfetto	• futuro	• passato remoto
io	piovo	piovevo	pioverò	**piovvi**
tu	piovi	piovevi	pioverai	piovesti
lui	piove	pioveva	pioverà	**piovve**
noi	pioviamo	piovevamo	pioveremo	piovemmo
voi	piovete	piovevate	pioverete	pioveste
loro	piovono	piovevano	pioveranno	**piovvero**

	• passato prossimo	• trapassato prossimo	• futuro anteriore	• trapassato remoto
io	sono piovuto	ero piovuto	sarò piovuto	fui piovuto
tu	sei piovuto	eri piovuto	sarai piovuto	fosti piovuto
lui	è piovuto	era piovuto	sarà piovuto	fu piovuto
noi	siamo piovuti	eravamo piovuti	saremo piovuti	fummo piovuti
voi	siete piovuti	eravate piovuti	sarete piovuti	foste piovuti
loro	sono piovuti	erano piovuti	saranno piovuti	furono piovuti

CONGIUNTIVO

	• presente	• imperfetto
io	piova	piovessi
tu	piova	piovessi
lui	piova	piovesse
noi	pioviamo	piovessimo
voi	pioviate	pioveste
loro	piovano	piovessero

	• passato	• trapassato
io	sia piovuto	fossi piovuto
tu	sia piovuto	fossi piovuto
lui	sia piovuto	fosse piovuto
noi	siamo piovuti	fossimo piovuti
voi	siate piovuti	foste piovuti
loro	siano piovuti	fossero piovuti

CONDIZIONALE

	• semplice
io	pioverei
tu	pioveresti
lui	pioverebbe
noi	pioveremmo
voi	piovereste
loro	pioverebbero

	• composto
io	sarei piovuto
tu	saresti piovuto
lui	sarebbe piovuto
noi	saremmo piovuti
voi	sareste piovuti
loro	sarebbero piovuti

NOTE A PAG.119

IMPERATIVO

tu	*
lui	*
noi	*
voi	*
loro	*

GERUNDIO

• semplice

piovendo

• composto

essendo piovuto

PARTICIPIO

• presente

piovente

• passato

piovuto

PIOVERE

PORRE

INDICATIVO

	• presente	• imperfetto	• futuro	• passato remoto
io	pongo	ponevo	porrò	posi
tu	poni	ponevi	porrai	ponesti
lui	pone	poneva	porrà	pose
noi	poniamo	ponevamo	porremo	ponemmo
voi	ponete	ponevate	porrete	poneste
loro	pongono	ponevano	porranno	posero
	• passato prossimo	• trapassato prossimo	• futuro anteriore	• trapassato remoto
io	ho **posto**	avevo **posto**	avrò **posto**	ebbi **posto**
tu	hai **posto**	avevi **posto**	avrai **posto**	avesti **posto**
lui	ha **posto**	aveva **posto**	avrà **posto**	ebbe **posto**
noi	abbiamo **posto**	avevamo **posto**	avremo **posto**	avemmo **posto**
voi	avete **posto**	avevate **posto**	avrete **posto**	aveste **posto**
loro	hanno **posto**	avevano **posto**	avranno **posto**	ebbero **posto**

PORRE

CONGIUNTIVO

	• presente	• imperfetto
io	ponga	ponessi
tu	ponga	ponessi
lui	ponga	ponesse
noi	poniamo	ponessimo
voi	poniate	poneste
loro	pongano	ponessero
	• passato	• trapassato
io	abbia **posto**	avessi **posto**
tu	abbia **posto**	avessi **posto**
lui	abbia **posto**	avesse **posto**
noi	abbiamo **posto**	avessimo **posto**
voi	abbiate **posto**	aveste **posto**
loro	abbiano **posto**	avessero **posto**

NOTE A PAG. 119

CONDIZIONALE

	• semplice
io	porrei
tu	porresti
lui	porrebbe
noi	porremmo
voi	porreste
loro	porrebbero
	• composto
io	avrei **posto**
tu	avresti **posto**
lui	avrebbe **posto**
noi	avremmo **posto**
voi	avreste **posto**
loro	avrebbero **posto**

IMPERATIVO

tu	poni
lui	ponga
noi	poniamo
voi	ponete
loro	pongano

GERUNDIO

• semplice

ponendo

• composto

avendo **posto**

PARTICIPIO

• presente

ponente

• passato

posto

POTERE

INDICATIVO

	● presente	● imperfetto	● futuro	● passato remoto
io	**posso**	potevo	**potrò**	**potei**
tu	**puoi**	potevi	**potrai**	potesti
lui	**può**	poteva	**potrà**	**poté**
noi	**possiamo**	potevamo	**potremo**	potemmo
voi	potete	potevate	**potrete**	poteste
loro	**possono**	potevano	**potranno**	**poterono**
	● passato prossimo	● trapassato prossimo	● futuro anteriore	● trapassato remoto
io	ho potuto	avevo potuto	avrò potuto	ebbi potuto
tu	hai potuto	avevi potuto	avrai potuto	avesti potuto
lui	ha potuto	aveva potuto	avrà potuto	ebbe potuto
noi	abbiamo potuto	avevamo potuto	avremo potuto	avemmo potuto
voi	avete potuto	avevate potuto	avrete potuto	aveste potuto
loro	hanno potuto	avevano potuto	avranno potuto	ebbero potuto

CONGIUNTIVO

	● presente	● imperfetto
io	**possa**	potessi
tu	**possa**	potessi
lui	**possa**	potesse
noi	**possiamo**	potessimo
voi	**possiate**	poteste
loro	**possano**	potessero
	● passato	● trapassato
io	abbia potuto	avessi potuto
tu	abbia potuto	avessi potuto
lui	abbia potuto	avesse potuto
noi	abbiamo potuto	avessimo potuto
voi	abbiate potuto	aveste potuto
loro	abbiano potuto	avessero potuto

CONDIZIONALE

	● semplice
io	**potrei**
tu	**potresti**
lui	**potrebbe**
noi	**potremmo**
voi	**potreste**
loro	**potrebbero**
	● composto
io	avrei potuto
tu	avresti potuto
lui	avrebbe potuto
noi	avremmo potuto
voi	avreste potuto
loro	avrebbero potuto

NOTE A PAG.119

POTERE

IMPERATIVO

tu	**(possa)**
lui	**(possa)**
noi	**(possiamo)**
voi	**(possiate)**
loro	**(possano)**

GERUNDIO

● **semplice**

potendo

● **composto**

avendo potuto

PARTICIPIO

● **presente**

potente

● **passato**

potuto

PRESIEDERE

INDICATIVO

	presente	imperfetto	futuro	passato remoto
io	presiedo	presiedevo	presiederò	presiedei/presiedetti
tu	presiedi	presiedevi	presiederai	presiedesti
lui	presiede	presiedeva	presiederà	presiedé/presiedette
noi	presiediamo	presiedevamo	presiederemo	presiedemmo
voi	presiedete	presiedevate	presiederete	presiedeste
loro	presiedono	presiedevano	presiederanno	presiederono/presiedettero

	passato prossimo	trapassato prossimo	futuro anteriore	trapassato remoto
io	ho presieduto	avevo presieduto	avrò presieduto	ebbi presieduto
tu	hai presieduto	avevi presieduto	avrai presieduto	avesti presieduto
lui	ha presieduto	aveva presieduto	avrà presieduto	ebbe presieduto
noi	abbiamo presieduto	avevamo presieduto	avremo presieduto	avemmo presieduto
voi	avete presieduto	avevate presieduto	avrete presieduto	aveste presieduto
loro	hanno presieduto	avevano presieduto	avranno presieduto	ebbero presieduto

CONGIUNTIVO

	presente	imperfetto
io	presieda	presiedessi
tu	presieda	presiedessi
lui	presieda	presiedesse
noi	presiediamo	presiedessimo
voi	presiediate	presiedeste
loro	presiedano	presiedessero

	passato	trapassato
io	abbia presieduto	avessi presieduto
tu	abbia presieduto	avessi presieduto
lui	abbia presieduto	avesse presieduto
noi	abbiamo presieduto	avessimo presieduto
voi	abbiate presieduto	aveste presieduto
loro	abbiano presieduto	avessero presieduto

CONDIZIONALE

	semplice
io	presiederei
tu	presiederesti
lui	presiederebbe
noi	presiederemmo
voi	presiedereste
loro	presiederebbero

	composto
io	avrei presieduto
tu	avresti presieduto
lui	avrebbe presieduto
noi	avremmo presieduto
voi	avreste presieduto
loro	avrebbero presieduto

IMPERATIVO

tu	presiedi
lui	presieda
noi	presiediamo
voi	presiedete
loro	presiedano

GERUNDIO

- **semplice**

presiedendo

- **composto**

avendo presieduto

PARTICIPIO

- **presente**

presidente

- **passato**

presieduto

REDIMERE

INDICATIVO

	● presente	● imperfetto	● futuro	● passato remoto
io	redimo	redimevo	redimerò	**redensi**
tu	redimi	redimevi	redimerai	redimesti
lui	redime	redimeva	redimerà	**redense**
noi	redimiamo	redimevamo	redimeremo	redimemmo
voi	redimete	redimevate	redimerete	redimeste
loro	redimono	redimevano	redimeranno	**redensero**
	● passato prossimo	● trapassato prossimo	● futuro anteriore	● trapassato remoto
io	ho **redento**	avevo **redento**	avrò **redento**	ebbi **redento**
tu	hai **redento**	avevi **redento**	avrai **redento**	avesti **redento**
lui	ha **redento**	aveva **redento**	avrà **redento**	ebbe **redento**
noi	abbiamo **redento**	avevamo **redento**	avremo **redento**	avemmo **redento**
voi	avete **redento**	avevate **redento**	avrete **redento**	aveste **redento**
loro	hanno **redento**	avevano **redento**	avranno **redento**	ebbero **redento**

CONGIUNTIVO

	● presente	● imperfetto
io	redima	redimessi
tu	redima	redimessi
lui	redima	redimesse
noi	redimiamo	redimessimo
voi	redimiate	redimeste
loro	redimano	redimessero
	● passato	● trapassato
io	abbia **redento**	avessi **redento**
tu	abbia **redento**	avessi **redento**
lui	abbia **redento**	avesse **redento**
noi	abbiamo **redento**	avessimo **redento**
voi	abbiate **redento**	aveste **redento**
loro	abbiano **redento**	avessero **redento**

CONDIZIONALE

	● semplice
io	redimerei
tu	redimeresti
lui	redimerebbe
noi	redimeremmo
voi	redimereste
loro	redimerebbero
	● composto
io	avrei **redento**
tu	avresti **redento**
lui	avrebbe **redento**
noi	avremmo **redento**
voi	avreste **redento**
loro	avrebbero **redento**

IMPERATIVO

tu	redimi
lui	redima
noi	redimiamo
voi	redimete
loro	redimano

GERUNDIO

● semplice

redimendo

● composto

avendo **redento**

PARTICIPIO

● presente

(redimente)

● passato

redento

REDIMERE

REPELLERE

INDICATIVO

	● presente	● imperfetto	● futuro	● passato remoto
io	repello	repellevo	repellerò	**repulsi**
tu	repelli	repellevi	repellerai	repellesti
lui	repelle	repelleva	repellerà	**repulse**
noi	repelliamo	repellevamo	repelleremo	repellemmo
voi	repellete	repellevate	repellerete	repelleste
loro	repellono	repellevano	repelleranno	**repulsero**
	● passato prossimo	● trapassato prossimo	● futuro anteriore	● trapassato remoto
io	ho **repulso**	avevo **repulso**	avrò **repulso**	ebbi **repulso**
tu	hai **repulso**	avevi **repulso**	avrai **repulso**	avesti **repulso**
lui	ha **repulso**	aveva **repulso**	avrà **repulso**	ebbe **repulso**
noi	abbiamo **repulso**	avevamo **repulso**	avremo **repulso**	avemmo **repulso**
voi	avete **repulso**	avevate **repulso**	avrete **repulso**	aveste **repulso**
loro	hanno **repulso**	avevano **repulso**	avranno **repulso**	ebbero **repulso**

CONGIUNTIVO

	● presente	● imperfetto
io	repella	repellessi
tu	repella	repellessi
lui	repella	repellesse
noi	repelliamo	repellessimo
voi	repelliate	repelleste
loro	repellano	repellessero
	● passato	● trapassato
io	abbia **repulso**	avessi **repulso**
tu	abbia **repulso**	avessi **repulso**
lui	abbia **repulso**	avesse **repulso**
noi	abbiamo **repulso**	avessimo **repulso**
voi	abbiate **repulso**	aveste **repulso**
loro	abbiano **repulso**	avessero **repulso**

CONDIZIONALE

	● semplice
io	repellerei
tu	repelleresti
lui	repellerebbe
noi	repelleremmo
voi	repellereste
loro	repellerebbero
	● composto
io	avrei **repulso**
tu	avresti **repulso**
lui	avrebbe **repulso**
noi	avremmo **repulso**
voi	avreste **repulso**
loro	avrebbero **repulso**

IMPERATIVO

tu	repelli
lui	repella
noi	repelliamo
voi	repellete
loro	repellano

GERUNDIO

● semplice

repellendo

● composto

avendo **repulso**

PARTICIPIO

● presente

repellente

● passato

repulso

REPELLERE

INDICATIVO

	● presente	● imperfetto	● futuro	● passato remoto
io	retrocedo	retrocedevo	retrocederò	**retrocessi/retrocedei**
tu	retrocedi	retrocedevi	retrocederai	retrocedesti
lui	retrocede	retrocedeva	retrocederà	**retrocesse/retrocedé**
noi	retrocediamo	retrocedevamo	retrocederemo	retrocedemmo
voi	retrocedete	retrocedevate	retrocederete	retrocedeste
loro	retrocedono	retrocedevano	retrocederanno	**retrocessero**/retrocederono
	● passato prossimo	● trapassato prossimo	● futuro anteriore	● trapassato remoto
io	ho **retrocesso**	avevo **retrocesso**	avrò **retrocesso**	ebbi **retrocesso**
tu	hai **retrocesso**	avevi **retrocesso**	avrai **retrocesso**	avesti **retrocesso**
lui	ha **retrocesso**	aveva **retrocesso**	avrà **retrocesso**	ebbe **retrocesso**
noi	abbiamo **retrocesso**	avevamo **retrocesso**	avremo **retrocesso**	avemmo **retrocesso**
voi	avete **retrocesso**	avevate **retrocesso**	avrete **retrocesso**	aveste **retrocesso**
loro	hanno **retrocesso**	avevano **retrocesso**	avranno **retrocesso**	ebbero **retrocesso**

CONGIUNTIVO

	● presente	● imperfetto
io	retroceda	retrocedessi
tu	retroceda	retrocedessi
lui	retroceda	retrocedesse
noi	retrocediamo	retrocedessimo
voi	retrocediate	retrocedeste
loro	retrocedano	retrocedessero
	● passato	● trapassato
io	abbia **retrocesso**	avessi **retrocesso**
tu	abbia **retrocesso**	avessi **retrocesso**
lui	abbia **retrocesso**	avesse **retrocesso**
noi	abbiamo **retrocesso**	avessimo **retrocesso**
voi	abbiate **retrocesso**	aveste **retrocesso**
loro	abbiano **retrocesso**	avessero **retrocesso**

CONDIZIONALE

	● semplice
io	retrocederei
tu	retrocederesti
lui	retrocederebbe
noi	retrocederemmo
voi	retrocedereste
loro	retrocederebbero
	● composto
io	avrei **retrocesso**
tu	avresti **retrocesso**
lui	avrebbe **retrocesso**
noi	avremmo **retrocesso**
voi	avreste **retrocesso**
loro	avrebbero **retrocesso**

NOTE A PAG.119

IMPERATIVO

tu	retrocedi
lui	retroceda
noi	retrocediamo
voi	retrocedete
loro	retrocedano

GERUNDIO

● semplice
retrocedendo
● composto
avendo retrocesso

PARTICIPIO

● presente
retrocedente
● passato
retrocesso

RETROCEDERE

INDICATIVO

	● presente	● imperfetto	● futuro	● passato remoto
io	**riempio**	riempivo	riempirò	riempii
tu	riempi	riempivi	riempirai	riempisti
lui	**riempie**	riempiva	riempirà	riempì
noi	riempiamo	riempivamo	riempiremo	riempimmo
voi	riempite	riempivate	riempirete	riempiste
loro	**riempiono**	riempivano	riempiranno	riempirono
	● passato prossimo	● trapassato prossimo	● futuro anteriore	● trapassato remoto
io	ho riempito	avevo riempito	avrò riempito	ebbi riempito
tu	hai riempito	avevi riempito	avrai riempito	avesti riempito
lui	ha riempito	aveva riempito	avrà riempito	ebbe riempito
noi	abbiamo riempito	avevamo riempito	avremo riempito	avemmo riempito
voi	avete riempito	avevate riempito	avrete riempito	aveste riempito
loro	hanno riempito	avevano riempito	avranno riempito	ebbero riempito

CONGIUNTIVO — CONDIZIONALE

	● presente	● imperfetto	● semplice
io	**riempia**	riempissi	riempirei
tu	**riempia**	riempissi	riempiresti
lui	**riempia**	riempisse	riempirebbe
noi	**riempiamo**	riempissimo	riempiremmo
voi	**riempiate**	riempiste	riempireste
loro	**riempiano**	riempissero	riempirebbero
	● passato	● trapassato	● composto
io	abbia riempito	avessi riempito	avrei riempito
tu	abbia riempito	avessi riempito	avresti riempito
lui	abbia riempito	avesse riempito	avrebbe riempito
noi	abbiamo riempito	avessimo riempito	avremmo riempito
voi	abbiate riempito	aveste riempito	avreste riempito
loro	abbiano riempito	avessero riempito	avrebbero riempito

IMPERATIVO

tu	riempi
lui	**riempia**
noi	riempiamo
voi	riempite
loro	riempiano

GERUNDIO

● **semplice**
riempiendo
● **composto**
avendo riempito

PARTICIPIO

● **presente**
riempiente
● **passato**
riempito

INDICATIVO

	● presente	● imperfetto	● futuro	● passato remoto
io	rifletto	riflettevo	rifletterò	**riflessi**
tu	rifletti	riflettevi	rifletterai	riflettesti
lui	riflette	rifletteva	rifletterà	**riflesse**
noi	riflettiamo	riflettevamo	rifletteremo	riflettemmo
voi	riflettete	riflettevate	rifletterete	rifletteste
loro	riflettono	riflettevano	rifletteranno	rifletterono
	● passato prossimo	● trapassato prossimo	● futuro anteriore	● trapassato remoto
io	ho **riflesso**	avevo **riflesso**	avrò **riflesso**	ebbi **riflesso**
tu	hai **riflesso**	avevi **riflesso**	avrai **riflesso**	avesti **riflesso**
lui	ha **riflesso**	aveva **riflesso**	avrà **riflesso**	ebbe **riflesso**
noi	abbiamo **riflesso**	avevamo **riflesso**	avremo **riflesso**	avemmo **riflesso**
voi	avete **riflesso**	avevate **riflesso**	avrete **riflesso**	aveste **riflesso**
loro	hanno **riflesso**	avevano **riflesso**	avranno **riflesso**	ebbero **riflesso**

CONGIUNTIVO

	● presente	● imperfetto
io	rifletta	riflettessi
tu	rifletta	riflettessi
lui	rifletta	riflettesse
noi	riflettiamo	riflettessimo
voi	riflettiate	rifletteste
loro	riflettano	riflettessero
	● passato	● trapassato
io	abbia **riflesso**	avessi **riflesso**
tu	abbia **riflesso**	avessi **riflesso**
lui	abbia **riflesso**	avesse **riflesso**
noi	abbiamo **riflesso**	avessimo **riflesso**
voi	abbiate **riflesso**	aveste **riflesso**
loro	abbiano **riflesso**	avessero **riflesso**

CONDIZIONALE

	● semplice
io	rifletterei
tu	rifletteresti
lui	rifletterebbe
noi	rifletteremmo
voi	riflettereste
loro	rifletterebbero
	● composto
io	avrei **riflesso**
tu	avresti **riflesso**
lui	avrebbe **riflesso**
noi	avremmo **riflesso**
voi	avreste **riflesso**
loro	avrebbero **riflesso**

NOTE A PAG.119

IMPERATIVO

tu	rifletti
lui	rifletta
noi	riflettiamo
voi	riflettete
loro	riflettano

GERUNDIO

● semplice
riflettendo

● composto
avendo **riflesso**

PARTICIPIO

● presente
riflettente

● passato
riflesso

RIFRANGERE

INDICATIVO

	● presente	● imperfetto	● futuro	● passato remoto
io	rifrango	rifrangevo	rifrangerò	**rifransi**
tu	rifrangi	rifrangevi	rifrangerai	rifrangesti
lui	rifrange	rifrangeva	rifrangerà	**rifranse**
noi	rifrangiamo	rifrangevamo	rifrangeremo	rifrangemmo
voi	rifrangete	rifrangevate	rifrangerete	rifrangeste
loro	rifrangono	rifrangevano	rifrangeranno	**rifransero**
	● passato prossimo	● trapassato prossimo	● futuro anteriore	● trapassato remoto
io	ho **rifranto**	avevo **rifranto**	avrò **rifranto**	ebbi **rifranto**
tu	hai **rifranto**	avevi **rifranto**	avrai **rifranto**	avesti **rifranto**
lui	ha **rifranto**	aveva **rifranto**	avrà **rifranto**	ebbe **rifranto**
noi	abbiamo **rifranto**	avevamo **rifranto**	avremo **rifranto**	avemmo **rifranto**
voi	avete **rifranto**	avevate **rifranto**	avrete **rifranto**	aveste **rifranto**
loro	hanno **rifranto**	avevano **rifranto**	avranno **rifranto**	ebbero **rifranto**

CONGIUNTIVO — CONDIZIONALE

	● presente	● imperfetto	● semplice
io	rifranga	rifrangessi	rifrangerei
tu	rifranga	rifrangessi	rifrangeresti
lui	rifranga	rifrangesse	rifrangerebbe
noi	rifrangiamo	rifrangessimo	rifrangeremmo
voi	rifrangiate	rifrangeste	rifrangereste
loro	rifrangano	rifrangessero	rifrangerebbero
	● passato	● trapassato	● composto
io	abbia **rifranto**	avessi **rifranto**	avrei **rifranto**
tu	abbia **rifranto**	avessi **rifranto**	avresti **rifranto**
lui	abbia **rifranto**	avesse **rifranto**	avrebbe **rifranto**
noi	abbiamo **rifranto**	avessimo **rifranto**	avremmo **rifranto**
voi	abbiate **rifranto**	aveste **rifranto**	avreste **rifranto**
loro	abbiano **rifranto**	avessero **rifranto**	avrebbero **rifranto**

NOTE A PAG. 120

RIFRANGERE

IMPERATIVO

tu	rifrangi
lui	rifranga
noi	rifrangiamo
voi	rifrangete
loro	rifrangano

GERUNDIO

● semplice

rifrangendo

● composto

avendo **rifranto**

PARTICIPIO

● presente

rifrangente

● passato

rifranto

RIMANERE

INDICATIVO

● presente	● imperfetto	● futuro	● passato remoto
rimango	rimanevo	rimarrò	rimasi
rimani	rimanevi	rimarrai	rimanesti
rimane	rimaneva	rimarrà	rimase
rimaniamo	rimanevamo	rimarremo	rimanemmo
rimanete	rimanevate	rimarrete	rimaneste
rimangono	rimanevano	rimarranno	rimasero
● passato prossimo	● trapassato prossimo	● futuro anteriore	● trapassato remoto
sono rimasto	ero rimasto	sarò rimasto	fui rimasto
sei rimasto	eri rimasto	sarai rimasto	fosti rimasto
è rimasto	era rimasto	sarà rimasto	fu rimasto
siamo rimasti	eravamo rimasti	saremo rimasti	fummo rimasti
siete rimasti	eravate rimasti	sarete rimasti	foste rimasti
sono rimasti	erano rimasti	saranno rimasti	furono rimasti

CONGIUNTIVO

● presente	● imperfetto
rimanga	rimanessi
rimanga	rimanessi
rimanga	rimanesse
rimaniamo	rimanessimo
rimaniate	rimaneste
rimangano	rimanessero
● passato	● trapassato
sia rimasto	fossi rimasto
sia rimasto	fossi rimasto
sia rimasto	fosse rimasto
siamo rimasti	fossimo rimasti
siate rimasti	foste rimasti
siano rimasti	fossero rimasti

CONDIZIONALE

● semplice
rimarrei
rimarresti
rimarrebbe
rimarremmo
rimarreste
rimarrebbero
● composto
sarei rimasto
saresti rimasto
sarebbe rimasto
saremmo rimasti
sareste rimasti
sarebbero rimasti

IMPERATIVO

tu	rimani
lui	rimanga
noi	rimaniamo
voi	rimanete
loro	rimangano

GERUNDIO

● semplice

rimanendo

● composto

essendo rimasto

PARTICIPIO

● presente

rimanente

● passato

rimasto

RIMANERE

RISPONDERE

INDICATIVO

	presente	imperfetto	futuro	passato remoto
io	rispondo	rispondevo	risponderò	**risposi**
tu	rispondi	rispondevi	risponderai	rispondesti
lui	risponde	rispondeva	risponderà	**rispose**
noi	rispondiamo	rispondevamo	risponderemo	rispondemmo
voi	rispondete	rispondevate	risponderete	rispondeste
loro	rispondono	rispondevano	risponderanno	**risposero**

	passato prossimo	trapassato prossimo	futuro anteriore	trapassato remoto
io	ho **risposto**	avevo **risposto**	avrò **risposto**	ebbi **risposto**
tu	hai **risposto**	avevi **risposto**	avrai **risposto**	avesti **risposto**
lui	ha **risposto**	aveva **risposto**	avrà **risposto**	ebbe **risposto**
noi	abbiamo **risposto**	avevamo **risposto**	avremo **risposto**	avemmo **risposto**
voi	avete **risposto**	avevate **risposto**	avrete **risposto**	aveste **risposto**
loro	hanno **risposto**	avevano **risposto**	avranno **risposto**	ebbero **risposto**

CONGIUNTIVO

	presente	imperfetto
io	risponda	rispondessi
tu	risponda	rispondessi
lui	risponda	rispondesse
noi	rispondiamo	rispondessimo
voi	rispondiate	rispondeste
loro	rispondano	rispondessero

	passato	trapassato
io	abbia **risposto**	avessi **risposto**
tu	abbia **risposto**	avessi **risposto**
lui	abbia **risposto**	avesse **risposto**
noi	abbiamo **risposto**	avessimo **risposto**
voi	abbiate **risposto**	aveste **risposto**
loro	abbiano **risposto**	avessero **risposto**

CONDIZIONALE

	semplice
io	risponderei
tu	risponderesti
lui	risponderebbe
noi	risponderemmo
voi	rispondereste
loro	risponderebbero

	composto
io	avrei **risposto**
tu	avresti **risposto**
lui	avrebbe **risposto**
noi	avremmo **risposto**
voi	avreste **risposto**
loro	avrebbero **risposto**

NOTE A PAG. 120

IMPERATIVO

tu	rispondi
lui	risponda
noi	rispondiamo
voi	rispondete
loro	rispondano

GERUNDIO

- semplice

rispondendo

- composto

avendo **risposto**

PARTICIPIO

- presente

rispondente

- passato

risposto

RISPONDERE

ROMPERE

INDICATIVO

	• presente	• imperfetto	• futuro	• passato remoto
io	rompo	rompevo	romperò	**ruppi**
tu	rompi	rompevi	romperai	rompesti
lui	rompe	rompeva	romperà	**ruppe**
noi	rompiamo	rompevamo	romperemo	rompemmo
voi	rompete	rompevate	romperete	rompeste
loro	rompono	rompevano	romperanno	**ruppero**
	• passato prossimo	• trapassato prossimo	• futuro anteriore	• trapassato remoto
io	ho **rotto**	avevo **rotto**	avrò **rotto**	ebbi **rotto**
tu	hai **rotto**	avevi **rotto**	avrai **rotto**	avesti **rotto**
lui	ha **rotto**	aveva **rotto**	avrà **rotto**	ebbe **rotto**
noi	abbiamo **rotto**	avevamo **rotto**	avremo **rotto**	avemmo **rotto**
voi	avete **rotto**	avevate **rotto**	avrete **rotto**	aveste **rotto**
loro	hanno **rotto**	avevano **rotto**	avranno **rotto**	ebbero **rotto**

CONGIUNTIVO

	• presente	• imperfetto
io	rompa	rompessi
tu	rompa	rompessi
lui	rompa	rompesse
noi	rompiamo	rompessimo
voi	rompiate	rompeste
loro	rompano	rompessero
	• passato	• trapassato
io	abbia **rotto**	avessi **rotto**
tu	abbia **rotto**	avessi **rotto**
lui	abbia **rotto**	avesse **rotto**
noi	abbiamo **rotto**	avessimo **rotto**
voi	abbiate **rotto**	aveste **rotto**
loro	abbiano **rotto**	avessero **rotto**

CONDIZIONALE

	• semplice
io	romperei
tu	romperesti
lui	romperebbe
noi	romperemmo
voi	rompereste
loro	romperebbero
	• composto
io	avrei **rotto**
tu	avresti **rotto**
lui	avrebbe **rotto**
noi	avremmo **rotto**
voi	avreste **rotto**
loro	avrebbero **rotto**

NOTE A PAG.120

ROMPERE

IMPERATIVO

tu	rompi
lui	rompa
noi	rompiamo
voi	rompete
loro	rompano

GERUNDIO

• semplice

rompendo

• composto

avendo **rotto**

PARTICIPIO

• presente

rompente

• passato

rotto

SALIRE

INDICATIVO

	● presente	● imperfetto	● futuro	● passato remoto
io	**salgo**	salivo	salirò	salii
tu	sali	salivi	salirai	salisti
lui	sale	saliva	salirà	salì
noi	saliamo	salivamo	saliremo	salimmo
voi	salite	salivate	salirete	saliste
loro	**salgono**	salivano	saliranno	salirono
	● passato prossimo	● trapassato prossimo	● futuro anteriore	● trapassato remoto
io	sono salito	ero salito	sarò salito	fui salito
tu	sei salito	eri salito	sarai salito	fosti salito
lui	è salito	era salito	sarà salito	fu salito
noi	siamo saliti	eravamo saliti	saremo saliti	fummo saliti
voi	siete saliti	eravate saliti	sarete saliti	foste saliti
loro	sono saliti	erano saliti	saranno saliti	furono saliti

SALIRE

NOTE A PAG. 120

CONGIUNTIVO

	● presente	● imperfetto
io	**salga**	salissi
tu	**salga**	salissi
lui	**salga**	salisse
noi	saliamo	salissimo
voi	saliate	saliste
loro	**salgano**	salissero
	● passato	● trapassato
io	sia salito	fossi salito
tu	sia salito	fossi salito
lui	sia salito	fosse salito
noi	siamo saliti	fossimo saliti
voi	siate saliti	foste saliti
loro	siano saliti	fossero saliti

CONDIZIONALE

	● semplice
io	salirei
tu	saliresti
lui	salirebbe
noi	saliremmo
voi	salireste
loro	salirebbero
	● composto
io	sarei salito
tu	saresti salito
lui	sarebbe salito
noi	saremmo saliti
voi	sareste saliti
loro	sarebbero saliti

IMPERATIVO

tu	sali
lui	**salga**
noi	saliamo
voi	salite
loro	**salgano**

GERUNDIO

● semplice

salendo

● composto

essendo salito

PARTICIPIO

● presente

salente

● passato

salito

SAPERE

INDICATIVO

	● presente	● imperfetto	● futuro	● passato remoto
io	**so**	sapevo	**saprò**	**seppi**
tu	**sai**	sapevi	**saprai**	sapesti
lui	**sa**	sapeva	**saprà**	**seppe**
noi	**sappiamo**	sapevamo	**sapremo**	sapemmo
voi	sapete	sapevate	**saprete**	sapeste
loro	**sanno**	sapevano	**sapranno**	**seppero**
	● passato prossimo	● trapassato prossimo	● futuro anteriore	● trapassato remoto
io	ho saputo	avevo saputo	avrò saputo	ebbi saputo
tu	hai saputo	avevi saputo	avrai saputo	avesti saputo
lui	ha saputo	aveva saputo	avrà saputo	ebbe saputo
noi	abbiamo saputo	avevamo saputo	avremo saputo	avemmo saputo
voi	avete saputo	avevate saputo	avrete saputo	aveste saputo
loro	hanno saputo	avevano saputo	avranno saputo	ebbero saputo

CONGIUNTIVO

	● presente	● imperfetto
io	**sappia**	sapessi
tu	**sappia**	sapessi
lui	**sappia**	sapesse
noi	**sappiamo**	sapessimo
voi	**sappiate**	sapeste
loro	**sappiano**	sapessero
	● passato	● trapassato
io	abbia saputo	avessi saputo
tu	abbia saputo	avessi saputo
lui	abbia saputo	avesse saputo
noi	abbiamo saputo	avessimo saputo
voi	abbiate saputo	aveste saputo
loro	abbiano saputo	avessero saputo

CONDIZIONALE

	● semplice
io	**saprei**
tu	**sapresti**
lui	**saprebbe**
noi	**sapremmo**
voi	**sapreste**
loro	**saprebbero**
	● composto
io	avrei saputo
tu	avresti saputo
lui	avrebbe saputo
noi	avremmo saputo
voi	avreste saputo
loro	avrebbero saputo

NOTE A PAG.120

IMPERATIVO

tu	**sappi**
lui	**sappia**
noi	**sappiamo**
voi	**sappiate**
loro	**sappiano**

GERUNDIO

● semplice

sapendo

● composto

avendo saputo

PARTICIPIO

● presente

sapiente

● passato

saputo

SAPERE

INDICATIVO

	● presente	● imperfetto	● futuro	● passato remoto
io	scindo	scindevo	scinderò	**scissi**
tu	scindi	scindevi	scinderai	scindesti
lui	scinde	scindeva	scinderà	**scisse**
noi	scindiamo	scindevamo	scinderemo	scindemmo
voi	scindete	scindevate	scinderete	scindeste
loro	scindono	scindevano	scinderanno	**scissero**
	● passato prossimo	● trapassato prossimo	● futuro anteriore	● trapassato remoto
io	ho **scisso**	avevo **scisso**	avrò **scisso**	ebbi **scisso**
tu	hai **scisso**	avevi **scisso**	avrai **scisso**	avesti **scisso**
lui	ha **scisso**	aveva **scisso**	avrà **scisso**	ebbe **scisso**
noi	abbiamo **scisso**	avevamo **scisso**	avremo **scisso**	avemmo **scisso**
voi	avete **scisso**	avevate **scisso**	avrete **scisso**	aveste **scisso**
loro	hanno **scisso**	avevano **scisso**	avranno **scisso**	ebbero **scisso**

CONGIUNTIVO

CONDIZIONALE

NOTE A PAG. 120

	● presente	● imperfetto	● semplice
io	scinda	scindessi	scinderei
tu	scinda	scindessi	scinderesti
lui	scinda	scindesse	scinderebbe
noi	scindiamo	scindessimo	scinderemmo
voi	scindiate	scindeste	scindereste
loro	scindano	scindessero	scinderebbero
	● passato	● trapassato	● composto
io	abbia **scisso**	avessi **scisso**	avrei **scisso**
tu	abbia **scisso**	avessi **scisso**	avresti **scisso**
lui	abbia **scisso**	avesse **scisso**	avrebbe **scisso**
noi	abbiamo **scisso**	avessimo **scisso**	avremmo **scisso**
voi	abbiate **scisso**	aveste **scisso**	avreste **scisso**
loro	abbiano **scisso**	avessero **scisso**	avrebbero **scisso**

IMPERATIVO

tu	scindi
lui	scinda
noi	scindiamo
voi	scindete
loro	scindano

GERUNDIO

● semplice

scindendo

● composto

avendo **scisso**

PARTICIPIO

● presente

scindente

● passato

scisso

SCINDERE

SCRIVERE

INDICATIVO

	● presente	● imperfetto	● futuro	● passato remoto
io	scrivo	scrivevo	scriverò	**scrissi**
tu	scrivi	scrivevi	scriverai	scrivesti
lui	scrive	scriveva	scriverà	**scrisse**
noi	scriviamo	scrivevamo	scriveremo	scrivemmo
voi	scrivete	scrivevate	scriverete	scriveste
loro	scrivono	scrivevano	scriveranno	**scrissero**
	● passato prossimo	● trapassato prossimo	● futuro anteriore	● trapassato remoto
io	ho **scritto**	avevo **scritto**	avrò **scritto**	ebbi **scritto**
tu	hai **scritto**	avevi **scritto**	avrai **scritto**	avesti **scritto**
lui	ha **scritto**	aveva **scritto**	avrà **scritto**	ebbe **scritto**
noi	abbiamo **scritto**	avevamo **scritto**	avremo **scritto**	avemmo **scritto**
voi	avete **scritto**	avevate **scritto**	avrete **scritto**	aveste **scritto**
loro	hanno **scritto**	avevano **scritto**	avranno **scritto**	ebbero **scritto**

CONGIUNTIVO

	● presente	● imperfetto
io	scriva	scrivessi
tu	scriva	scrivessi
lui	scriva	scrivesse
noi	scriviamo	scrivessimo
voi	scriviate	scriveste
loro	scrivano	scrivessero
	● passato	● trapassato
io	abbia **scritto**	avessi **scritto**
tu	abbia **scritto**	avessi **scritto**
lui	abbia **scritto**	avesse **scritto**
noi	abbiamo **scritto**	avessimo **scritto**
voi	abbiate **scritto**	aveste **scritto**
loro	abbiano **scritto**	avessero **scritto**

CONDIZIONALE

	● semplice
io	scriverei
tu	scriveresti
lui	scriverebbe
noi	scriveremmo
voi	scrivereste
loro	scriverebbero
	● composto
io	avrei **scritto**
tu	avresti **scritto**
lui	avrebbe **scritto**
noi	avremmo **scritto**
voi	avreste **scritto**
loro	avrebbero **scritto**

IMPERATIVO

tu	scrivi
lui	scriva
noi	scriviamo
voi	scrivete
loro	scrivano

GERUNDIO

● semplice

scrivendo

● composto

avendo **scritto**

PARTICIPIO

● presente

scrivente

● passato

scritto

SCRIVERE

SCUOTERE

INDICATIVO

	● presente	● imperfetto	● futuro	● passato remoto
io	scuoto	scuotevo	scuoterò	**scossi**
tu	scuoti	scuotevi	scuoterai	scuotesti
lui	scuote	scuoteva	scuoterà	**scosse**
noi	scuotiamo	scuotevamo	scuoteremo	scuotemmo
voi	scuotete	scuotevate	scuoterete	scuoteste
loro	**scuotono**	scuotevano	scuoteranno	**scossero**
	● passato prossimo	● trapassato prossimo	● futuro anteriore	● trapassato remoto
io	ho **scosso**	avevo **scosso**	avrò **scosso**	ebbi **scosso**
tu	hai **scosso**	avevi **scosso**	avrai **scosso**	avesti **scosso**
lui	ha **scosso**	aveva **scosso**	avrà **scosso**	ebbe **scosso**
noi	abbiamo **scosso**	avevamo **scosso**	avremo **scosso**	avemmo **scosso**
voi	avete **scosso**	avevate **scosso**	avrete **scosso**	aveste **scosso**
loro	hanno **scosso**	avevano **scosso**	avranno **scosso**	ebbero **scosso**

CONGIUNTIVO / CONDIZIONALE

	● presente	● imperfetto	● semplice
io	scuota	scuotessi	scuoterei
tu	scuota	scuotessi	scuoteresti
lui	scuota	scuotesse	scuoterebbe
noi	scuotiamo	scuotessimo	scuoteremmo
voi	scuotiate	scuoteste	scuotereste
loro	scuotano	scuotessero	scuoterebbero
	● passato	● trapassato	● composto
io	abbia **scosso**	avessi **scosso**	avrei **scosso**
tu	abbia **scosso**	avessi **scosso**	avresti **scosso**
lui	abbia **scosso**	avesse **scosso**	avrebbe **scosso**
noi	abbiamo **scosso**	avessimo **scosso**	avremmo **scosso**
voi	abbiate **scosso**	aveste **scosso**	avreste **scosso**
loro	abbiano **scosso**	avessero **scosso**	avrebbero **scosso**

NOTE A PAG. 120

SCUOTERE

IMPERATIVO

tu	scuoti
lui	scuota
noi	scuotiamo
voi	scuotete
loro	scuotano

GERUNDIO

● semplice

scuotendo

● composto

avendo **scosso**

PARTICIPIO

● presente

scuotente

● passato

scosso

SECERNERE

INDICATIVO

	● presente	● imperfetto	● futuro	● passato remoto
io	secerno	secernevo	secernerò	secernei
tu	secerni	secernevi	secernerai	secernesti
lui	secerne	secerneva	secernerà	secerné
noi	secerniamo	secernevamo	secerneremo	secernemmo
voi	secernete	secernevate	secernerete	secerneste
loro	secernono	secernevano	secerneranno	secernerono
	● passato prossimo	● trapassato prossimo	● futuro anteriore	● trapassato remoto
io	ho **secreto**	avevo **secreto**	avrò **secreto**	ebbi **secreto**
tu	hai **secreto**	avevi **secreto**	avrai **secreto**	avesti **secreto**
lui	ha **secreto**	aveva **secreto**	avrà **secreto**	ebbe **secreto**
noi	abbiamo **secreto**	avevamo **secreto**	avremo **secreto**	avemmo **secreto**
voi	avete **secreto**	avevate **secreto**	avrete **secreto**	aveste **secreto**
loro	hanno **secreto**	avevano **secreto**	avranno **secreto**	ebbero **secreto**

CONGIUNTIVO

	● presente	● imperfetto
io	secerna	secernessi
tu	secerna	secernessi
lui	secerna	secernesse
noi	secerniamo	secernessimo
voi	secerniate	secerneste
loro	secernano	secernessero
	● passato	● trapassato
io	abbia **secreto**	avessi **secreto**
tu	abbia **secreto**	avessi **secreto**
lui	abbia **secreto**	avesse **secreto**
noi	abbiamo **secreto**	avessimo **secreto**
voi	abbiate **secreto**	aveste **secreto**
loro	abbiano **secreto**	avessero **secreto**

CONDIZIONALE

	● semplice
io	secernerei
tu	secerneresti
lui	secernerebbe
noi	secerneremmo
voi	secernereste
loro	secernerebbero
	● composto
io	avrei **secreto**
tu	avresti **secreto**
lui	avrebbe **secreto**
noi	avremmo **secreto**
voi	avreste **secreto**
loro	avrebbero **secreto**

NOTE A
PAG.120

IMPERATIVO

tu	secerni
lui	secerna
noi	secerniamo
voi	secernete
loro	secernano

GERUNDIO

● semplice

secernendo

● composto

avendo **secreto**

PARTICIPIO

● presente

secernente

● passato

secreto

SECERNERE

INDICATIVO

	● presente	● imperfetto	● futuro	● passato remoto
io	**siedo/seggo**	sedevo	sederò/**siederò**	sedei/sedetti
tu	**siedi**	sedevi	sederai/**siederai**	sedesti
lui	**siede**	sedeva	sederà/**siederà**	sedé/sedette
noi	sediamo	sedevamo	sederemo/**siederemo**	sedemmo
voi	sedete	sedevate	sederete/**siederete**	sedeste
loro	**siedono/seggono**	sedevano	sederanno/**siederanno**	sederono/sedettero

	● passato prossimo	● trapassato prossimo	● futuro anteriore	● trapassato remoto
io	(ho seduto)	(avevo seduto)	(avrò seduto)	(ebbi seduto)
tu	(hai seduto)	(avevi seduto)	(avrai seduto)	(avesti seduto)
lui	(ha seduto)	(aveva seduto)	(avrà seduto)	(ebbe seduto)
noi	(abbiamo seduto)	(avevamo seduto)	(avremo seduto)	(avemmo seduto)
voi	(avete seduto)	(avevate seduto)	(avrete seduto)	(aveste seduto)
loro	(hanno seduto)	(avevano seduto)	(avranno seduto)	(ebbero seduti)

CONGIUNTIVO

	● presente	● imperfetto
io	**sieda/segga**	sedessi
tu	**sieda/segga**	sedessi
lui	**sieda/segga**	sedesse
noi	sediamo	sedessimo
voi	sediate	sedeste
loro	siedano/**seggano**	sedessero

	● passato	● trapassato
io	(abbia seduto)	(avessi seduto)
tu	(abbia seduto)	(avessi seduto)
lui	(abbia seduto)	(avesse seduto)
noi	(abbiano seduto)	(avessimo seduto)
voi	(abbiate seduto)	(aveste seduto)
loro	(abbiano seduto)	(avessero seduto)

NOTE A PAG. 120

CONDIZIONALE

	● semplice
	sederei/**siederei**
	sederesti/**siederesti**
	sederebbe/**siederebbe**
	sederemmo/**siederemmo**
	sedereste/**siedereste**
	sederebbero/**siederebbero**

	● composto
	(avrei seduto)
	(avresti seduto)
	(avrebbe seduto)
	(avremmo seduto)
	(avreste seduto)
	(avrebbero seduto)

IMPERATIVO

tu	**siedi**
lui	**sieda/segga**
noi	sediamo
voi	sedete
loro	**siedano/seggano**

GERUNDIO

● semplice

sedendo

● composto

(avendo seduto)

PARTICIPIO

● presente

sedente

● passato

seduto

SEPPELLIRE

INDICATIVO

	● presente	● imperfetto	● futuro	● passato remoto
io	seppellisco	seppellivo	seppellirò	seppellii
tu	seppellisci	seppellivi	seppellirai	seppellisti
lui	seppellisce	seppelliva	seppellirà	seppellì
noi	seppelliamo	seppellivamo	seppelliremo	seppellimmo
voi	seppellite	seppellivate	seppellirete	seppelliste
loro	seppelliscono	seppellivano	seppelliranno	seppellirono
	● passato prossimo	● trapassato prossimo	● futuro anteriore	● trapassato remoto
io	ho seppellito/**sepolto**	avevo seppellito/**sepolto**	avrò seppellito/**sepolto**	ebbi seppellito/**sepolto**
tu	hai seppellito/**sepolto**	avevi seppellito/**sepolto**	avrai seppellito/**sepolto**	avesti seppellito/**sepolto**
lui	ha seppellito/**sepolto**	aveva seppellito/**sepolto**	avrà seppellito/**sepolto**	ebbe seppellito/**sepolto**
noi	abbiamo seppellito/**sepolto**	avevamo seppellito/**sepolto**	avremo seppellito/**sepolto**	avemmo seppellito/**sepolto**
voi	avete seppellito/**sepolto**	avevate seppellito/**sepolto**	avrete seppellito/**sepolto**	aveste seppellito/**sepolto**
loro	hanno seppellito/**sepolto**	avevano seppellito/**sepolto**	avranno seppellito/**sepolto**	ebbero seppellito/**sepolto**

CONGIUNTIVO

	● presente	● imperfetto
io	seppellisca	seppellissi
tu	seppellisca	seppellissi
lui	seppellisca	seppellisse
noi	seppelliamo	seppellissimo
voi	seppelliate	seppelliste
loro	seppelliscano	seppellissero
	● passato	● trapassato
io	abbia seppellito/**sepolto**	avessi seppellito/**sepolto**
tu	abbia seppellito/**sepolto**	avessi seppellito/**sepolto**
lui	abbia seppellito/**sepolto**	avesse seppellito/**sepolto**
noi	abbiamo seppellito/**sepolto**	avessimo seppellito/**sepolto**
voi	abbiate seppellito/**sepolto**	aveste seppellito/**sepolto**
loro	abbiano seppellito/**sepolto**	avessero seppellito/**sepolto**

CONDIZIONALE

	● semplice
io	seppellirei
tu	seppelliresti
lui	seppellirebbe
noi	seppelliremmo
voi	seppellireste
loro	seppellirebbero
	● composto
io	avrei seppellito/**sepolto**
tu	avresti seppellito/**sepolto**
lui	avrebbe seppellito/**sepolto**
noi	avremmo seppellito/**sepolto**
voi	avreste seppellito/**sepolto**
loro	avrebbero seppellito/**sepolto**

NOTE A PAG.120

IMPERATIVO

tu	seppellisci
lui	seppellisca
noi	seppelliamo
voi	seppellite
loro	seppelliscano

GERUNDIO

● semplice

seppellendo

● composto

avendo seppellito/**sepolto**

PARTICIPIO

● presente

(seppellente)

● passato

seppellito/**sepolto**

SEPPELLIRE

SOLERE

INDICATIVO

	● presente	● imperfetto	● futuro	● passato remoto
io	**solgo**	solevo	*	solei
tu	**suoli**	solevi	*	solesti
lui	**suole**	soleva	*	solé
noi	**sogliamo**	solevamo	*	solemmo
voi	solete	solevate	*	soleste
loro	**sogliono**	solevano	*	solerono
	● passato prossimo	● trapassato prossimo	● futuro anteriore	● trapassato remoto
io	*	*	*	*
tu	*	*	*	*
lui	*	*	*	*
noi	*	*	*	*
voi	*	*	*	*
loro	*	*	*	*

CONGIUNTIVO

	● presente	● imperfetto
io	**soglia**	solessi
tu	**soglia**	solessi
lui	**soglia**	solesse
noi	**sogliamo**	solessimo
voi	**sogliate**	soleste
loro	**sogliano**	solessero
	● passato	● trapassato
io	*	*
tu	*	*
lui	*	*
noi	*	*
voi	*	*
loro	*	*

CONDIZIONALE

	● semplice
io	*
tu	*
lui	*
noi	*
voi	*
loro	*
	● composto
io	*
tu	*
lui	*
noi	*
voi	*
loro	*

NOTE A PAG. 120

IMPERATIVO

tu	*
lui	*
noi	*
voi	*
loro	*

GERUNDIO

● semplice
*

● composto
*

PARTICIPIO

● presente

● passato

INDICATIVO

	● presente	● imperfetto	● futuro	● passato remoto
io	spando	spandevo	spanderò	**spansi**/spandei
tu	spandi	spandevi	spanderai	spandesti
lui	spande	spandeva	spanderà	**spanse**/spandé
noi	spandiamo	spandevamo	spanderemo	spandemmo
voi	spandete	spandevate	spanderete	spandeste
loro	spandono	spandevano	spanderanno	**spansero**/spanderono
	● passato prossimo	● trapassato prossimo	● futuro anteriore	● trapassato remoto
io	(ho **spanso**)	(avevo **spanso**)	(avrò **spanso**)	(ebbi **spanso**)
tu	(hai **spanso**)	(avevi **spanso**)	(avrai **spanso**)	(avesti **spanso**)
lui	(ha **spanso**)	(aveva **spanso**)	(avrà **spanso**)	(ebbe **spanso**)
noi	(abbiamo **spanso**)	(avevamo **spanso**)	(avremo **spanso**)	(avemmo **spanso**)
voi	(avete **spanso**)	(avevate **spanso**)	(avrete **spanso**)	(aveste **spanso**)
loro	(hanno **spanso**)	(avevano **spanso**)	(avranno **spanso**)	(ebbero **spanso**)

CONGIUNTIVO

	● presente	● imperfetto
io	spanda	spandessi
tu	spanda	spandessi
lui	spanda	spandesse
noi	spandiamo	spandessimo
voi	spandiate	spandeste
loro	spandano	spandessero
	● passato	● trapassato
io	(abbia **spanso**)	(avessi **spanso**)
tu	(abbia **spanso**)	(avessi **spanso**)
lui	(abbia **spanso**)	(avesse **spanso**)
noi	(abbiamo **spanso**)	(avessimo **spanso**)
voi	(abbiate **spanso**)	(aveste **spanso**)
loro	(abbiano **spanso**)	(avessero **spanso**)

CONDIZIONALE

	● semplice
io	spanderei
tu	spanderesti
lui	spanderebbe
noi	spanderemmo
voi	spandereste
loro	spanderebbero
	● composto
io	(avrei **spanso**)
tu	(avresti **spanso**)
lui	(avrebbe **spanso**)
noi	(avremmo **spanso**)
voi	(avreste **spanso**)
loro	(avrebbero **spanso**)

IMPERATIVO

tu	spandi
lui	spanda
noi	spandiamo
voi	spandete
loro	spandano

GERUNDIO

● semplice

spandendo

● composto

(avendo **spanso**)

PARTICIPIO

● presente

spandente

● passato

spanso

SPARGERE

INDICATIVO

	● presente	● imperfetto	● futuro	● passato remoto
io	spargo	spargevo	spargerò	**sparsi**
tu	spargi	spargevi	spargerai	spargesti
lui	sparge	spargeva	spargerà	**sparse**
noi	spargiamo	spargevamo	spargeremo	spargemmo
voi	spargete	spargevate	spargerete	spargeste
loro	spargono	spargevano	spargeranno	**sparsero**
	● passato prossimo	● trapassato prossimo	● futuro anteriore	● trapassato remoto
io	ho **sparso**	avevo **sparso**	avrò **sparso**	ebbi **sparso**
tu	hai **sparso**	avevi **sparso**	avrai **sparso**	avesti **sparso**
lui	ha **sparso**	aveva **sparso**	avrà **sparso**	ebbe **sparso**
noi	abbiamo **sparso**	avevamo **sparso**	avremo **sparso**	avemmo **sparso**
voi	avete **sparso**	avevate **sparso**	avrete **sparso**	aveste **sparso**
loro	hanno **sparso**	avevano **sparso**	avranno **sparso**	ebbero **sparso**

SPARGERE

CONGIUNTIVO

	● presente	● imperfetto
io	sparga	spargessi
tu	sparga	spargessi
lui	sparga	spargesse
noi	spargiamo	spargessimo
voi	spargiate	spargeste
loro	spargano	spargessero
	● passato	● trapassato
io	abbia **sparso**	avessi **sparso**
tu	abbia **sparso**	avessi **sparso**
lui	abbia **sparso**	avesse **sparso**
noi	abbiamo **sparso**	avessimo **sparso**
voi	abbiate **sparso**	aveste **sparso**
loro	abbiano **sparso**	avessero **sparso**

CONDIZIONALE

	● semplice
	spargerei
	spargeresti
	spargerebbe
	spargeremmo
	spargereste
	spargerebbero
	● composto
	avrei **sparso**
	avresti **sparso**
	avrebbe **sparso**
	avremmo **sparso**
	avreste **sparso**
	avrebbero **sparso**

IMPERATIVO

tu	spargi
lui	sparga
noi	spargiamo
voi	spargete
loro	spargano

GERUNDIO

● semplice

spargendo

● composto

avendo **sparso**

PARTICIPIO

● presente

spargente

● passato

sparso

SPEGNERE

INDICATIVO

	● presente	● imperfetto	● futuro	● passato remoto
io	**spengo**	spegnevo	spegnerò	**spensi**
tu	spegni	spegnevi	spegnerai	spegnesti
lui	spegne	spegneva	spegnerà	**spense**
noi	spegniamo	spegnevamo	spegneremo	spegnemmo
voi	spegnete	spegnevate	spegnerete	spegneste
loro	**spengono**	spegnevano	spegneranno	**spensero**
	● passato prossimo	● trapassato prossimo	● futuro anteriore	● trapassato remoto
io	ho **spento**	avevo **spento**	avrò **spento**	ebbi **spento**
tu	hai **spento**	avevi **spento**	avrai **spento**	avesti **spento**
lui	ha **spento**	aveva **spento**	avrà **spento**	ebbe **spento**
noi	abbiamo **spento**	avevamo **spento**	avremo **spento**	avemmo **spento**
voi	avete **spento**	avevate **spento**	avrete **spento**	aveste **spento**
loro	hanno **spento**	avevano **spento**	avranno **spento**	ebbero **spento**

CONGIUNTIVO

	● presente	● imperfetto
io	**spenga**	spegnessi
tu	**spenga**	spegnessi
lui	**spenga**	spegnesse
noi	spegniamo	spegnessimo
voi	spegniate	spegneste
loro	**spengano**	spegnessero
	● passato	● trapassato
io	abbia **spento**	avessi **spento**
tu	abbia **spento**	avessi **spento**
lui	abbia **spento**	avesse **spento**
noi	abbiamo **spento**	avessimo **spento**
voi	abbiate **spento**	aveste **spento**
loro	abbiano **spento**	avessero **spento**

CONDIZIONALE

	● semplice
io	spegnerei
tu	spegneresti
lui	spegnerebbe
noi	spegneremmo
voi	spegnereste
loro	spegnerebbero
	● composto
io	avrei **spento**
tu	avresti **spento**
lui	avrebbe **spento**
noi	avremmo **spento**
voi	avreste **spento**
loro	avrebbero **spento**

NOTE A
PAG.120

SPEGNERE

IMPERATIVO

tu	spegni
lui	**spenga**
noi	spegniamo
voi	spegnete
loro	**spengano**

GERUNDIO

● semplice

spegnendo

● composto

avendo **spento**

PARTICIPIO

● presente

spegnente

● passato

spento

STARE

INDICATIVO

	● presente	● imperfetto	● futuro	● passato remoto
io	sto	stavo	**starò**	**stetti**
tu	**stai**	stavi	**starai**	**stesti**
lui	sta	stava	**starà**	**stette**
noi	stiamo	stavamo	**staremo**	**stemmo**
voi	state	stavate	**starete**	**steste**
loro	**stanno**	stavano	**staranno**	**stettero**
	● passato prossimo	● trapassato prossimo	● futuro anteriore	● trapassato remoto
io	sono stato	ero stato	sarò stato	fui stato
tu	sei stato	eri stato	sarai stato	fosti stato
lui	è stato	era stato	sarà stato	fu stato
noi	siamo stati	eravamo stati	saremo stati	fummo stati
voi	siete stati	eravate stati	sarete stati	foste stati
loro	sono stati	erano stati	saranno stati	furono stati

CONGIUNTIVO / CONDIZIONALE

	● presente	● imperfetto	● semplice
io	**stia**	**stessi**	**starei**
tu	**stia**	**stessi**	**staresti**
lui	**stia**	**stesse**	**starebbe**
noi	stiamo	**stessimo**	**staremmo**
voi	stiate	**steste**	**stareste**
loro	**stiano**	**stessero**	**starebbero**
	● passato	● trapassato	● composto
io	sia stato	fossi stato	sarei stato
tu	sia stato	fossi stato	saresti stato
lui	sia stato	fosse stato	sarebbe stato
noi	siamo stati	fossimo stati	saremmo stati
voi	siate stati	foste stati	sareste stati
loro	siano stati	fossero stati	sarebbero stati

IMPERATIVO / GERUNDIO / PARTICIPIO

	IMPERATIVO	GERUNDIO	PARTICIPIO
tu	**sta'/stai**	● semplice	● presente
lui	**stia**	stando	stante
noi	stiamo	● composto	● passato
voi	state	essendo stato	stato
loro	**stiano**		

INDICATIVO

	● presente	● imperfetto	● futuro	● passato remoto
o	stringo	stringevo	stringerò	**strinsi**
u	stringi	stringevi	stringerai	stringesti
ui	stringe	stringeva	stringerà	**strinse**
noi	stringiamo	stringevamo	stringeremo	stringemmo
oi	stringete	stringevate	stringerete	stringeste
oro	stringono	stringevano	stringeranno	**strinsero**

	● passato prossimo	● trapassato prossimo	● futuro anteriore	● trapassato remoto
o	ho **stretto**	avevo **stretto**	avrò **stretto**	ebbi **stretto**
u	hai **stretto**	avevi **stretto**	avrai **stretto**	avesti **stretto**
ui	ha **stretto**	aveva **stretto**	avrà **stretto**	ebbe **stretto**
noi	abbiamo **stretto**	avevamo **stretto**	avremo **stretto**	avemmo **stretto**
oi	avete **stretto**	avevate **stretto**	avrete **stretto**	aveste **stretto**
oro	hanno **stretto**	avevano **stretto**	avranno **stretto**	ebbero **stretto**

CONGIUNTIVO

	● presente	● imperfetto
o	stringa	stringessi
u	stringa	stringessi
ui	stringa	stringesse
noi	stringiamo	stringessimo
oi	stringiate	stringeste
oro	stringano	stringessero

	● passato	● trapassato
o	abbia **stretto**	avessi **stretto**
u	abbia **stretto**	avessi **stretto**
ui	abbia **stretto**	avesse **stretto**
noi	abbiamo **stretto**	avessimo **stretto**
oi	abbiate **stretto**	aveste **stretto**
oro	abbiano **stretto**	avessero **stretto**

CONDIZIONALE

	● semplice
o	stringerei
u	stringeresti
ui	stringerebbe
noi	stringeremmo
oi	stringereste
oro	stringerebbero

	● composto
o	avrei **stretto**
u	avresti **stretto**
ui	avrebbe **stretto**
noi	avremmo **stretto**
oi	avreste **stretto**
oro	avrebbero **stretto**

IMPERATIVO

u	stringi
ui	stringa
noi	stringiamo
oi	stringete
oro	stringano

GERUNDIO

● semplice

stringendo

● composto

avendo **stretto**

PARTICIPIO

● presente

stringente

● passato

stretto

SUCCEDERE

INDICATIVO

	● presente	● imperfetto	● futuro	● passato remoto
io	succedo	succedevo	succederò	**successi**/succedetti
tu	succedi	succedevi	succederai	succedesti
lui	succede	succedeva	succederà	**successe**/succedette
noi	succediamo	succedevamo	succederemo	succedemmo
voi	succedete	succedevate	succederete	succedeste
loro	succedono	succedevano	succederanno	**successero**/succedettero
	● passato prossimo	● trapassato prossimo	● futuro anteriore	● trapassato remoto
io	sono succeduto	ero succeduto	sarò succeduto	fui succeduto
tu	sei succeduto	eri succeduto	sarai succeduto	fosti succeduto
lui	è succeduto	era succeduto	sarà succeduto	fu succeduto
noi	siamo succeduti	eravamo succeduti	saremo succeduti	fummo succeduti
voi	siete succeduti	eravate succeduti	sarete succeduti	foste succeduti
loro	sono succeduti	erano succeduti	saranno succeduti	furono succeduti

CONGIUNTIVO — CONDIZIONALE

	● presente	● imperfetto	● semplice
io	succeda	succedessi	succederei
tu	succeda	succedessi	succederesti
lui	succeda	succedesse	succederebbe
noi	succediamo	succedessimo	succederemmo
voi	succediate	succedeste	succedereste
loro	succedano	succedessero	succederebbero
	● passato	● trapassato	● composto
io	sia succeduto	fossi succeduto	sarei succeduto
tu	sia succeduto	fossi succeduto	saresti succeduto
lui	sia succeduto	fosse succeduto	sarebbe succeduto
noi	siamo succeduti	fossimo succeduti	saremmo succeduti
voi	siate succeduti	foste succeduti	sareste succeduti
loro	siano succeduti	fossero succeduti	sarebbero succeduti

NOTE A PAG. 121

IMPERATIVO

tu	succedi
lui	succeda
noi	succediamo
voi	succedete
loro	succedano

GERUNDIO

● semplice

succedendo

● composto

essendo succeduto

PARTICIPIO

● presente

succedente

● passato

succeduto

SUCCEDERE

INDICATIVO

	● presente	● imperfetto	● futuro	● passato remoto
io	**taccio**	tacevo	tacerò	**tacqui**
tu	taci	tacevi	tacerai	tacesti
lui	tace	taceva	tacerà	**tacque**
noi	**tacciamo**/taciamo	tacevamo	taceremo	tacemmo
voi	tacete	tacevate	tacerete	taceste
loro	**tacciono**/taciono	tacevano	taceranno	**tacquero**

	● passato prossimo	● trapassato prossimo	● futuro anteriore	● trapassato remoto
io	ho **taciuto**	avevo **taciuto**	avrò **taciuto**	ebbi **taciuto**
tu	hai **taciuto**	avevi **taciuto**	avrai **taciuto**	avesti **taciuto**
lui	ha **taciuto**	aveva **taciuto**	avrà **taciuto**	ebbe **taciuto**
noi	abbiamo **taciuto**	avevamo **taciuto**	avremo **taciuto**	avemmo **taciuto**
voi	avete **taciuto**	avevate **taciuto**	avrete **taciuto**	aveste **taciuto**
loro	hanno **taciuto**	avevano **taciuto**	avranno **taciuto**	ebbero **taciuto**

CONGIUNTIVO

	● presente	● imperfetto
io	**taccia**	tacessi
tu	**taccia**	tacessi
lui	**taccia**	tacesse
noi	**tacciamo**	tacessimo
voi	**tacciate**	taceste
loro	**tacciano**	tacessero

	● passato	● trapassato
io	abbia **taciuto**	avessi **taciuto**
tu	abbia **taciuto**	avessi **taciuto**
lui	abbia **taciuto**	avesse **taciuto**
noi	abbiamo **taciuto**	avessimo **taciuto**
voi	abbiate **taciuto**	aveste **taciuto**
loro	abbiano **taciuto**	avessero **taciuto**

CONDIZIONALE

	● semplice
io	tacerei
tu	taceresti
lui	tacerebbe
noi	taceremmo
voi	tacereste
loro	tacerebbero

	● composto
io	avrei **taciuto**
tu	avresti **taciuto**
lui	avrebbe **taciuto**
noi	avremmo **taciuto**
voi	avreste **taciuto**
loro	avrebbero **taciuto**

NOTE A
PAG.121

TACERE

IMPERATIVO

tu	taci
lui	**taccia**
noi	**tacciamo**
voi	tacete
loro	**tacciano**

GERUNDIO

● semplice

tacendo

● composto

avendo **taciuto**

PARTICIPIO

● presente

tacente

● passato

taciuto

TENERE

INDICATIVO

	● presente	● imperfetto	● futuro	● passato remoto
io	**tengo**	tenevo	**terrò**	**tenni**
tu	**tieni**	tenevi	**terrai**	tenesti
lui	**tiene**	teneva	**terrà**	**tenne**
noi	teniamo	tenevamo	**terremo**	tenemmo
voi	tenete	tenevate	**terrete**	teneste
loro	**tengono**	tenevano	**terranno**	**tennero**

	● passato prossimo	● trapassato prossimo	● futuro anteriore	● trapassato remoto
io	ho tenuto	avevo tenuto	avrò tenuto	ebbi tenuto
tu	hai tenuto	avevi tenuto	avrai tenuto	avesti tenuto
lui	ha tenuto	aveva tenuto	avrà tenuto	ebbe tenuto
noi	abbiamo tenuto	avevamo tenuto	avremo tenuto	avemmo tenuto
voi	avete tenuto	avevate tenuto	avrete tenuto	aveste tenuto
loro	hanno tenuto	avevano tenuto	avranno tenuto	ebbero tenuto

CONGIUNTIVO — CONDIZIONALE

NOTE A PAG. 121

	● presente	● imperfetto	● semplice
io	**tenga**	tenessi	**terrei**
tu	**tenga**	tenessi	**terresti**
lui	**tenga**	tenesse	**terrebbe**
noi	teniamo	tenessimo	**terremmo**
voi	teniate	teneste	**terreste**
loro	**tengano**	tenessero	**terrebbero**

	● passato	● trapassato	● composto
io	abbia tenuto	avessi tenuto	avrei tenuto
tu	abbia tenuto	avessi tenuto	avresti tenuto
lui	abbia tenuto	avesse tenuto	avrebbe tenuto
noi	abbiamo tenuto	avessimo tenuto	avremmo tenuto
voi	abbiate tenuto	aveste tenuto	avreste tenuto
loro	abbiano tenuto	avessero tenuto	avrebbero tenuto

IMPERATIVO

tu	**tieni**
lui	**tenga**
noi	teniamo
voi	tenete
loro	**tengano**

GERUNDIO

● semplice

tenendo

● composto

avendo tenuto

PARTICIPIO

● presente

tenente

● passato

tenuto

TORCERE

INDICATIVO

	● presente	● imperfetto	● futuro	● passato remoto
io	torco	torcevo	torcerò	**torsi**
tu	torci	torcevi	torcerai	torcesti
lui	torce	torceva	torcerà	**torse**
noi	torciamo	torcevamo	torceremo	torcemmo
voi	torcete	torcevate	torcerete	torceste
loro	torcono	torcevano	torceranno	**torsero**
	● passato prossimo	● trapassato prossimo	● futuro anteriore	● trapassato remoto
io	ho **torto**	avevo **torto**	avrò **torto**	ebbi **torto**
tu	hai **torto**	avevi **torto**	avrai **torto**	avesti **torto**
lui	ha **torto**	aveva **torto**	avrà **torto**	ebbe **torto**
noi	abbiamo **torto**	avevamo **torto**	avremo **torto**	avemmo **torto**
voi	avete **torto**	avevate **torto**	avrete **torto**	aveste **torto**
loro	hanno **torto**	avevano **torto**	avranno **torto**	ebbero **torto**

CONGIUNTIVO

	● presente	● imperfetto
io	torca	torcessi
tu	torca	torcessi
lui	torca	torcesse
noi	torciamo	torcessimo
voi	torciate	torceste
loro	torcano	torcessero
	● passato	● trapassato
io	abbia **torto**	avessi **torto**
tu	abbia **torto**	avessi **torto**
lui	abbia **torto**	avesse **torto**
noi	abbiamo **torto**	avessimo **torto**
voi	abbiate **torto**	aveste **torto**
loro	abbiano **torto**	avessero **torto**

CONDIZIONALE

	● semplice
io	torcerei
tu	torceresti
lui	torcerebbe
noi	torceremmo
voi	torcereste
loro	torcerebbero
	● composto
io	avrei **torto**
tu	avresti **torto**
lui	avrebbe **torto**
noi	avremmo **torto**
voi	avreste **torto**
loro	avrebbero **torto**

NOTE A
PAG.121

IMPERATIVO

tu	torci
lui	torca
noi	torciamo
voi	torcete
loro	torcano

GERUNDIO

● semplice

torcendo

● composto

avendo **torto**

PARTICIPIO

● presente

torcente

● passato

torto

TORCERE

INDICATIVO

	● presente	● imperfetto	● futuro	● passato remoto
io	traggo	traevo	trarrò	trassi
tu	trai	traevi	trarrai	traesti
lui	trae	traeva	trarrà	trasse
noi	traiamo	traevamo	trarremo	traemmo
voi	traete	traevate	trarrete	traeste
loro	traggono	traevano	trarranno	trassero
	● passato prossimo	● trapassato prossimo	● futuro anteriore	● trapassato remoto
io	ho tratto	avevo tratto	avrò tratto	ebbi tratto
tu	hai tratto	avevi tratto	avrai tratto	avesti tratto
lui	ha tratto	aveva tratto	avrà tratto	ebbe tratto
noi	abbiamo tratto	avevamo tratto	avremo tratto	avemmo tratto
voi	avete tratto	avevate tratto	avrete tratto	aveste tratto
loro	hanno tratto	avevano tratto	avranno tratto	ebbero tratto

CONGIUNTIVO

CONDIZIONALE

	● presente	● imperfetto	● semplice
io	tragga	traessi	trarrei
tu	tragga	traessi	trarresti
lui	tragga	traesse	trarrebbe
noi	traiamo	traessimo	trarremmo
voi	traiate	traeste	trarreste
loro	traggano	traessero	trarrebbero
	● passato	● trapassato	● composto
io	abbia tratto	avessi tratto	avrei tratto
tu	abbia tratto	avessi tratto	avresti tratto
lui	abbia tratto	avesse tratto	avrebbe tratto
noi	abbiamo tratto	avessimo tratto	avremmo tratto
voi	abbiate tratto	aveste tratto	avreste tratto
loro	abbiano tratto	avessero tratto	avrebbero tratto

IMPERATIVO

tu	trai
lui	tragga
noi	traiamo
voi	traete
loro	traggano

GERUNDIO

● semplice

traendo

● composto

avendo tratto

PARTICIPIO

● presente

traente

● passato

tratto

TRARRE

INDICATIVO

	● presente	● imperfetto	● futuro	● passato remoto
io	**odo**	udivo	udirò/**udrò**	udii
tu	**odi**	udivi	udirai/**udrai**	udisti
lui	**ode**	udiva	udirà/**udrà**	udì
noi	udiamo	udivamo	udiremo/**udremo**	udimmo
voi	udite	udivate	udirete/**udrete**	udiste
loro	**odono**	udivano	udiranno/**udranno**	udirono
	● passato prossimo	● trapassato prossimo	● futuro anteriore	● trapassato remoto
io	ho udito	avevo udito	avrò udito	ebbi udito
tu	hai udito	avevi udito	avrai udito	avesti udito
lui	ha udito	aveva udito	avrà udito	ebbe udito
noi	abbiamo udito	avevamo udito	avremo udito	avemmo udito
voi	avete udito	avevate udito	avrete udito	aveste udito
loro	hanno udito	avevano udito	avranno udito	ebbero udito

CONGIUNTIVO

	● presente	● imperfetto
io	**oda**	udissi
tu	**oda**	udissi
lui	**oda**	udisse
noi	udiamo	udissimo
voi	udiate	udiste
loro	**odano**	udissero
	● passato	● trapassato
io	abbia udito	avessi udito
tu	abbia udito	avessi udito
lui	abbia udito	avesse udito
noi	abbiamo udito	avessimo udito
voi	abbiate udito	aveste udito
loro	abbiano udito	avessero udito

CONDIZIONALE

	● semplice
io	udirei/**udrei**
tu	udiresti/**udresti**
lui	udirebbe/**udrebbe**
noi	udiremmo/**udremmo**
voi	udireste/**udreste**
loro	udirebbero/**udrebbero**
	● composto
io	avrei udito
tu	avresti udito
lui	avrebbe udito
noi	avremmo udito
voi	avreste udito
loro	avrebbero udito

NOTE A PAG.121

IMPERATIVO

tu	**odi**
lui	**oda**
noi	udiamo
voi	udite
loro	**odano**

GERUNDIO

● semplice

udendo

● composto

avendo udito

PARTICIPIO

● presente

udente

● passato

udito

INDICATIVO

	● presente	● imperfetto	● futuro	● passato remoto
io	**esco**	uscivo	uscirò	uscii
tu	**esci**	uscivi	uscirai	uscisti
lui	**esce**	usciva	uscirà	uscì
noi	usciamo	uscivamo	usciremo	uscimmo
voi	uscite	uscivate	uscirete	usciste
loro	**escono**	uscivano	usciranno	uscirono
	● passato prossimo	● trapassato prossimo	● futuro anteriore	● trapassato remoto
io	sono uscito	ero uscito	sarò uscito	fui uscito
tu	sei uscito	eri uscito	sarai uscito	fosti uscito
lui	è uscito	era uscito	sarà uscito	fu uscito
noi	siamo usciti	eravamo usciti	saremo usciti	fummo usciti
voi	siete usciti	eravate usciti	sarete usciti	foste usciti
loro	sono usciti	erano usciti	saranno usciti	furono usciti

CONGIUNTIVO

CONDIZIONALE

	● presente	● imperfetto	● semplice
io	**esca**	uscissi	uscirei
tu	**esca**	uscissi	usciresti
lui	**esca**	uscisse	uscirebbe
noi	usciamo	uscissimo	usciremmo
voi	usciate	usciste	uscireste
loro	**escano**	uscissero	uscirebbero
	● passato	● trapassato	● composto
io	sia uscito	fossi uscito	sarei uscito
tu	sia uscito	fossi uscito	saresti uscito
lui	sia uscito	fosse uscito	sarebbe uscito
noi	siamo usciti	fossimo usciti	saremmo usciti
voi	siate usciti	foste usciti	sareste usciti
loro	siano usciti	fossero usciti	sarebbero usciti

IMPERATIVO

tu	**esci**
lui	**esca**
noi	usciamo
voi	uscite
loro	**escano**

GERUNDIO

● semplice

uscendo

● composto

essendo uscito

PARTICIPIO

● presente

uscente

● passato

uscito

VALERE

INDICATIVO

	● presente	● imperfetto	● futuro	● passato remoto
io	**valgo**	valevo	**varrò**	**valsi**
tu	vali	valevi	**varrai**	valesti
lui	vale	valeva	**varrà**	**valse**
noi	valiamo	valevamo	**varremo**	valemmo
voi	valete	valevate	**varrete**	valeste
loro	**valgono**	valevano	**varranno**	**valsero**
	● passato prossimo	● trapassato prossimo	● futuro anteriore	● trapassato remoto
io	sono **valso**	ero **valso**	sarò **valso**	fui **valso**
tu	sei **valso**	eri **valso**	sarai **valso**	fosti **valso**
lui	è **valso**	era **valso**	sarà **valso**	fu **valso**
noi	siamo **valsi**	eravamo **valsi**	saremo **valsi**	fummo **valsi**
voi	siete **valsi**	eravate **valsi**	sarete **valsi**	foste **valsi**
loro	sono **valsi**	erano **valsi**	saranno **valsi**	furono **valsi**

CONGIUNTIVO

CONDIZIONALE

	● presente	● imperfetto	● semplice
io	**valga**	valessi	**varrei**
tu	**valga**	valessi	**varresti**
lui	**valga**	valesse	**varrebbe**
noi	valiamo	valessimo	**varremmo**
voi	valiate	valeste	**varreste**
loro	**valgano**	valessero	**varrebbero**
	● passato	● trapassato	● composto
io	sia **valso**	fossi **valso**	sarei **valso**
tu	sia **valso**	fossi **valso**	saresti **valso**
lui	sia **valso**	fosse **valso**	sarebbe **valso**
noi	siamo **valsi**	fossimo **valsi**	saremmo **valsi**
voi	siate **valsi**	foste **valsi**	sareste **valsi**
loro	siano **valsi**	fossero **valsi**	sarebbero **valsi**

NOTE A PAG.121

IMPERATIVO

tu	vali
lui	**valga**
noi	valiamo
voi	valete
loro	**valgano**

GERUNDIO

● semplice

valendo

● composto

essendo **valso**

PARTICIPIO

● presente

valente

● passato

valso

VALERE

VEDERE

INDICATIVO

	● presente	● imperfetto	● futuro	● passato remoto
io	vedo	vedevo	**vedrò**	**vidi**
tu	vedi	vedevi	**vedrai**	vedesti
lui	vede	vedeva	**vedrà**	**vide**
noi	vediamo	vedevamo	**vedremo**	vedemmo
voi	vedete	vedevate	**vedrete**	vedeste
loro	vedono	vedevano	**vedranno**	**videro**
	● passato prossimo	● trapassato prossimo	● futuro anteriore	● trapassato remoto
io	ho **visto**	avevo **visto**	avrò **visto**	ebbi **visto**
tu	hai **visto**	avevi **visto**	avrai **visto**	avesti **visto**
lui	ha **visto**	aveva **visto**	avrà **visto**	ebbe **visto**
noi	abbiamo **visto**	avevamo **visto**	avremo **visto**	avemmo **visto**
voi	avete **visto**	avevate **visto**	avrete **visto**	aveste **visto**
loro	hanno **visto**	avevano **visto**	avranno **visto**	ebbero **visto**

CONGIUNTIVO — CONDIZIONALE

	● presente	● imperfetto	● semplice
io	veda	vedessi	**vedrei**
tu	veda	vedessi	**vedresti**
lui	veda	vedesse	**vedrebbe**
noi	vediamo	vedessimo	**vedremmo**
voi	vediate	vedeste	**vedreste**
loro	vedano	vedessero	**vedrebbero**
	● passato	● trapassato	● composto
io	abbia **visto**	avessi **visto**	avrei **visto**
tu	abbia **visto**	avessi **visto**	avresti **visto**
lui	abbia **visto**	avesse **visto**	avrebbe **visto**
noi	abbiamo **visto**	avessimo **visto**	avremmo **visto**
voi	abbiate **visto**	aveste **visto**	avreste **visto**
loro	abbiano **visto**	avessero **visto**	avrebbero **visto**

NOTE A PAG. 121

IMPERATIVO

tu	vedi
lui	veda
noi	vediamo
voi	vedete
loro	vedano

GERUNDIO

● semplice

vedendo

● composto

avendo **visto**

PARTICIPIO

● presente

vedente

● passato

visto/veduto

VENIRE

INDICATIVO

	● presente	● imperfetto	● futuro	● passato remoto
io	**vengo**	venivo	**verrò**	**venni**
tu	**vieni**	venivi	**verrai**	venisti
lui	**viene**	veniva	**verrà**	**venne**
noi	veniamo	venivamo	**verremo**	venimmo
voi	venite	venivate	**verrete**	veniste
loro	**vengono**	venivano	**verranno**	**vennero**
	● passato prossimo	● trapassato prossimo	● futuro anteriore	● trapassato remoto
io	sono **venuto**	ero **venuto**	sarò **venuto**	fui **venuto**
tu	sei **venuto**	eri **venuto**	sarai **venuto**	fosti **venuto**
lui	è **venuto**	era **venuto**	sarà **venuto**	fu **venuto**
noi	siamo **venuti**	eravamo **venuti**	saremo **venuti**	fummo **venuti**
voi	siete **venuti**	eravate **venuti**	sarete **venuti**	foste **venuti**
loro	sono **venuti**	erano **venuti**	saranno **venuti**	furono **venuti**

CONGIUNTIVO

	● presente	● imperfetto
io	**venga**	venissi
tu	**venga**	venissi
lui	**venga**	venisse
noi	veniamo	venissimo
voi	veniate	veniste
loro	**vengano**	venissero
	● passato	● trapassato
io	sia **venuto**	fossi **venuto**
tu	sia **venuto**	fossi **venuto**
lui	sia **venuto**	fosse **venuto**
noi	siamo **venuti**	fossimo **venuti**
voi	siate **venuti**	foste **venuti**
loro	siano **venuti**	fossero **venuti**

CONDIZIONALE

	● semplice
io	**verrei**
tu	**verresti**
lui	**verrebbe**
noi	**verremmo**
voi	**verreste**
loro	**verrebbero**
	● composto
io	sarei **venuto**
tu	saresti **venuto**
lui	sarebbe **venuto**
noi	saremmo **venuti**
voi	sareste **venuti**
loro	sarebbero **venuti**

NOTE A
PAG.122

VENIRE

IMPERATIVO

tu	**vieni**
lui	**venga**
noi	veniamo
voi	venite
loro	**vengano**

GERUNDIO

● semplice

venendo

● composto

essendo **venuto**

PARTICIPIO

● presente

(veniente)

● passato

venuto

VINCERE

INDICATIVO

	● presente	● imperfetto	● futuro	● passato remoto
io	vinco	vincevo	vincerò	**vinsi**
tu	vinci	vincevi	vincerai	vincesti
lui	vince	vinceva	vincerà	**vinse**
noi	vinciamo	vincevamo	vinceremo	vincemmo
voi	vincete	vincevate	vincerete	vinceste
loro	vincono	vincevano	vinceranno	**vinsero**
	● passato prossimo	● trapassato prossimo	● futuro anteriore	● trapassato remoto
io	ho **vinto**	avevo **vinto**	avrò **vinto**	ebbi **vinto**
tu	hai **vinto**	avevi **vinto**	avrai **vinto**	avesti **vinto**
lui	ha **vinto**	aveva **vinto**	avrà **vinto**	ebbe **vinto**
noi	abbiamo **vinto**	avevamo **vinto**	avremo **vinto**	avemmo **vinto**
voi	avete **vinto**	avevate **vinto**	avrete **vinto**	aveste **vinto**
loro	hanno **vinto**	avevano **vinto**	avranno **vinto**	ebbero **vinto**

CONGIUNTIVO

	● presente	● imperfetto
io	vinca	vincessi
tu	vinca	vincessi
lui	vinca	vincesse
noi	vinciamo	vincessimo
voi	vinciate	vinceste
loro	vincano	vincessero
	● passato	● trapassato
io	abbia **vinto**	avessi **vinto**
tu	abbia **vinto**	avessi **vinto**
lui	abbia **vinto**	avesse **vinto**
noi	abbiamo **vinto**	avessimo **vinto**
voi	abbiate **vinto**	aveste **vinto**
loro	abbiano **vinto**	avessero **vinto**

NOTE A PAG. 122

CONDIZIONALE

	● semplice
io	vincerei
tu	vinceresti
lui	vincerebbe
noi	vinceremmo
voi	vincereste
loro	vincerebbero
	● composto
io	avrei **vinto**
tu	avresti **vinto**
lui	avrebbe **vinto**
noi	avremmo **vinto**
voi	avreste **vinto**
loro	avrebbero **vinto**

IMPERATIVO

tu	vinci
lui	vinca
noi	vinciamo
voi	vincete
loro	vincano

GERUNDIO

● semplice

vincendo

● composto

avendo **vinto**

PARTICIPIO

● presente

vincente

● passato

vinto

VIVERE

INDICATIVO

	● presente	● imperfetto	● futuro	● passato remoto
io	vivo	vivevo	**vivrò**	**vissi**
tu	vivi	vivevi	**vivrai**	vivesti
lui	vive	viveva	**vivrà**	**visse**
noi	viviamo	vivevamo	**vivremo**	vivemmo
voi	vivete	vivevate	**vivrete**	viveste
loro	vivono	vivevano	**vivranno**	**vissero**

	● passato prossimo	● trapassato prossimo	● futuro anteriore	● trapassato remoto
io	sono **vissuto**	ero **vissuto**	sarò **vissuto**	fui **vissuto**
tu	sei **vissuto**	eri **vissuto**	sarai **vissuto**	fosti **vissuto**
lui	è **vissuto**	era **vissuto**	sarà **vissuto**	fu **vissuto**
noi	siamo **vissuti**	eravamo **vissuti**	saremo **vissuti**	fummo **vissuti**
voi	siete **vissuti**	eravate **vissuti**	sarete **vissuti**	foste **vissuti**
loro	sono **vissuti**	erano **vissuti**	saranno **vissuti**	furono **vissuti**

CONGIUNTIVO

	● presente	● imperfetto
io	viva	vivessi
tu	viva	vivessi
lui	viva	vivesse
noi	viviamo	vivessimo
voi	viviate	viveste
loro	vivano	vivessero

	● passato	● trapassato
io	sia **vissuto**	fossi **vissuto**
tu	sia **vissuto**	fossi **vissuto**
lui	sia **vissuto**	fosse **vissuto**
noi	siamo **vissuti**	fossimo **vissuti**
voi	siate **vissuti**	foste **vissuti**
loro	siano **vissuti**	fossero **vissuti**

CONDIZIONALE

	● semplice
io	**vivrei**
tu	**vivresti**
lui	**vivrebbe**
noi	**vivremmo**
voi	**vivreste**
loro	**vivrebbero**

	● composto
io	sarei **vissuto**
tu	saresti **vissuto**
lui	sarebbe **vissuto**
noi	saremmo **vissuti**
voi	sareste **vissuti**
loro	sarebbero **vissuti**

NOTE A
PAG.122

VIVERE

IMPERATIVO

tu	vivi
lui	viva
noi	viviamo
voi	vivete
loro	vivano

GERUNDIO

● semplice

vivendo

● composto

essendo **vissuto**

PARTICIPIO

● presente

vivente

● passato

vissuto

VOLERE

INDICATIVO

	● presente	● imperfetto	● futuro	● passato remoto
io	**voglio**	volevo	**vorrò**	**volli**
tu	**vuoi**	volevi	**vorrai**	volesti
lui	**vuole**	voleva	**vorrà**	**volle**
noi	**vogliamo**	volevamo	**vorremo**	volemmo
voi	volete	volevate	**vorrete**	voleste
loro	**vogliono**	volevano	**vorranno**	**vollero**
	● passato prossimo	● trapassato prossimo	● futuro anteriore	● trapassato remoto
io	ho voluto	avevo voluto	avrò voluto	ebbi voluto
tu	hai voluto	avevi voluto	avrai voluto	avesti voluto
lui	ha voluto	aveva voluto	avrà voluto	ebbe voluto
noi	abbiamo voluto	avevamo voluto	avremo voluto	avemmo voluto
voi	avete voluto	avevate voluto	avrete voluto	aveste voluto
loro	hanno voluto	avevano voluto	avranno voluto	ebbero voluto

CONGIUNTIVO — CONDIZIONALE

	● presente	● imperfetto	● semplice
io	**voglia**	volessi	**vorrei**
tu	**voglia**	volessi	**vorresti**
lui	**voglia**	volesse	**vorrebbe**
noi	**vogliamo**	volessimo	**vorremmo**
voi	**vogliate**	voleste	**vorreste**
loro	**vogliano**	volessero	**vorrebbero**
	● passato	● trapassato	● composto
io	abbia voluto	avessi voluto	avrei voluto
tu	abbia voluto	avessi voluto	avresti voluto
lui	abbia voluto	avesse voluto	avrebbe voluto
noi	abbiamo voluto	avessimo voluto	avremmo voluto
voi	abbiate voluto	aveste voluto	avreste voluto
loro	abbiano voluto	avessero voluto	avrebbero voluto

NOTE A PAG. 122

IMPERATIVO

tu	**(vogli)**
lui	**voglia**
noi	**vogliamo**
voi	**vogliate**
loro	**vogliano**

GERUNDIO

● **semplice**
volendo

● **composto**
avendo voluto

PARTICIPIO

● **presente**
volente

● **passato**
voluto

Verbi in ~ARE

Verbi in ~ARE. Modello **amare**, tr (ho amato).Solo la coniugazione in ~are è ancora attiva in italiano, i nuovi verbi, quindi, sono tutti di questo gruppo. Per esempio da fax viene faxare.

Verbi in ~ERE

Verbi in ~ERE. Modello **credere**, tr (ho creduto). Al passato remoto si possono avere due forme: quella in -EI (preferita dai verbi in ~TERE come potere - potei) e quella in -ETTI (preferita dagli altri verbi come credere - credetti). Molti verbi usano indifferentemente entrambe le forme.

concernere, tr Difettivo del participio passato e del passato remoto.

convergere, intr Difettivo del participio passato e del passato remoto.

delinquere, intr Difettivo del participio passato e del passato remoto.

dirimere, tr Difettivo del participio passato e del passato remoto.

discernere, intr Difettivo del participio passato e del passato remoto.

divergere, intr Difettivo del participio passato.

esimere, tr Difettivo del participio passato.

fervere, intr Difettivo del participio passato.

incombere, intr Difettivo del participio passato.

inerire, intr Difettivo del participio passato.

lucere, intr Difettivo del participio passato.

pendere, intr Difettivo del participio passato.

plaudere, tr Difettivo del participio passato.

prudere, intr Difettivo del participio passato.

rilucere, intr Difettivo del participio passato.

risplendere, intr Difettivo del participio passato.

scernere, tr Difettivo del participio passato.

soccombere, intr Difettivo del participio passato.

splendere, intr Raro il participio passato.

stridere, intr Difettivo del participio passato.

suggere, tr Difettivo del participio passato.

tangere, tr Difettivo del participio passato e del passato remoto. Usato solo in III persona.

urgere, tr e intr Difettivo del participio passato e del passato remoto.

vertere, intr Difettivo del participio passato.

vigere, intr Difettivo del participio passato.

Verbi in ~IRE

Verbi in ~IRE. Modello **seguire**, tr (ho seguito). Questi verbi non sono numerosi. Molto più consistente è il gruppo in ~ISCO (modello "finire", vedi). Tra i verbi in ~IRE presenta una particolarità, solo di tipo fonetico, la "i" del verbo **cucire** davanti alle desinenze in -o e in -a, per mantenere il suono palatale "c" (cucio, cuciono).

dormire, intr e tr (ho dormito). Al participio presente "dormiente".

Verbi come FINIRE

Verbi come FINIRE, tr (ho finito). Questi verbi del terzo gruppo sono da considerare regolari e vengono anche detti verbi in ~isco (io finisco).

disubbidire, intr (ho disubbidito). Al participio presente "disubbidiente".

esaurire, intr (ho esaurito). Al participio presente "esauriente".

inerire, intr Difettivo del participio presente.

partorire, intr e tr (ho partorito). Al participio presente "partoriente".

ubbidire, intr. (ho ubbidito). Al participio presente "ubbidiente".

Verbi in ~CARE o ~GARE

Verbi in ~CARE o ~GARE. Modello **giocare**, tr (ho giocato). Questi verbi davanti a desinenza in "e" o "i" assumono una "h" per ragioni fonetiche (tu giochi).

Verbi in ~DERE

Verbi in ~DERE. Modello **ridere,** intr (ho riso). Non fanno parte di questo gruppo verbi come "chiedere" e "richiedere" (vedi), "spandere" e "espandere" (vedi) e verbi con accento sulla penultima sillaba come cadére; fa invece parte di questo gruppo (nonostante l'accento sulla penultima sillaba) il verbo "suadére" con i suoi composti "dissuadére", "persuadére".

arridere, intr (ha arriso). Normalmente in III persona.
assidersi, intr (mi sono assiso). Verbo di uso letterario.
coincidere, intr (ha coinciso). Di norma in III persona.
collidere, intr (ho colliso). Rari i tempi composti.
colludere, tr (ho colluso). Rari i tempi composti.
conchiudere, tr (ho conchiuso). Raro.
conquidere, tr (ho conquiso). Raro.
demordere, intr (ho demorso). Rarissimo l'uso di participio passato e tempi composti.
esplodere, tr e intr (ho esploso un colpo; la bomba è esplosa).
estrudere, (ho estruso). Raro.
evadere, tr e intr (ho evaso le tasse; sono evaso di prigione).
implodere, intr (è imploso). Di norma in III persona.
perdere, tr (ho perso; ho perduto).
preludere, tr (ha preluso). Spesso in III persona.
rimordere, intr (ha rimorso). Usato in III persona.
sperdere, tr (ho sperso; ha sperduto). Spesso nella forma riflessiva "sperdersi" (mi sono sperso/sperduto).
suadere, tr (ho suaso). Raro l'uso di participio passato e tempi composti.

Verbi in ~DURRE. Modello **addurre**, tr (ho addotto).

I verbi in ~DURRE vengono da una base latina in ~DUCERE (per esempio "conducere, introducere, producere, traducere" ecc.). Quasi tutti i tempi italiani si formano su questa base. Le forme del futuro e del condizionale sono contratte.

Verbi in ~ENDERE. Modello **spendere**, tr (ho speso).

accendere, tr (ho acceso). Raro il participio presente.

arrendersi, rifl (mi sono arreso). Raro il participio presente.
ascendere, tr e intr (ho asceso una montagna sono asceso al trono).
discendere, tr e intr (ho disceso la china; sono disceso a valle).
offendere, tr (ho offeso). Raro il participio presente
propendere, intr (ho propeso). Al passato remoto sono più frequenti le forme regolari (propendei).
rapprendere, tr e intr (ho rappreso; è rappreso Più usata la forma riflessiva (si è rappreso).
scendere, tr e intr (ha sceso le scale; è sceso in strada)
trascendere, tr e intr (ho trasceso la regola; ne litigare ho trasceso).
vilipendere, tr (ho vilipeso) Raro il participio presente

Verbi in ~ERGERE. Modello **tergere**, t (ho terso). Raro l'uso dei tempi composti.

astergere, tr (ho asterso). Verbo usato raramente
convergere, tr (ho converso). Rarissimo l'uso d participio passato e tempi composti.
detergere, tr (ho deterso). Rarissimo l'uso d participio passato e tempi composti.

Verbi in ~ETTERE. Modello **annettere** tr (ho annesso). Raro il participio presente pe tutti i verbi di questo tipo.

Verbi in ~GERE. Modello **giungere** (sono giunto).

ergere, tr (ho erto). Passato remoto e temp composti sono di uso letterario.
mingere, tr Privo del participio passato.

Verbi in ~IARE(1). Modello **cambiare** (h cambiato). In questi verbi, davanti alla "i" della desinenza, la "i" della radice cade; cambiare: t

ambi, noi cambiamo. Alcune eccezioni appartengono alla famiglia ~iare (2) (vedi).

Verbi in ~IARE(2). Modello **sciare**, tr (ho sciato). Davanti a una "i" della desinenza, la "i" della radice cade nella I e II persona plurale (noi sciamo, voi sciate) ma la "i" resta nella II persona singolare (tu scii).

Verbi in ~IGERE. Modello **dirigere**, tr (ho diretto).

negligere, tr (ho negletto). Difettivo di indicativo presente, congiuntivo presente e imperativo.

Verbi in ~PARIRE. Modello **apparire,** int (sono apparso). Attenzione: il verbo "sparire" non fa parte di questo gruppo ma del gruppo dei verbi in -ISCO come "finire", (vedi). Per gli altri verbi le forme in -ISCO esistono ma l'uso è raro.

trasparire, intr (è trasparito). Il participio passato è regolare: "trasparito". Il verbo si usa soprattutto in III persona. Il passato remoto si forma più frequentemente nelle forme regolari (trasparii, trasparì).

Verbi in ~SISTERE. Modello **esistere,** int (sono esistito).

coesistere, intr (ho coesistito; sono coesistito).
consistere, intr (è consistito). Usato specialmente in III persona.
preesistere, intr (è preesistito). Usato specialmente in III persona.
sussistere, intr (è sussistito). Usato in III persona, raramente nei tempi composti.

Verbi in ~SOLVERE. Modello **assolvere,** (ho assolto).

risolvere, tr (ho risolto). Il participio passato del riflessivo "risolversi" è "risoluto" (mi sono risoluto).

Verbi come ANDARE, intr (sono andato). La I persona del presente indicativo (io vado) sopravvive ancora in Toscana nella forma antica: "io vo". All'imperativo "va'" la consonante iniziale dell'eventuale pronome assimilato raddoppia (per esempio "vacci", "vallo" ecc.).

riandare, intr (sono riandato). La III persona del presente indicativo è accentata (lui rivà).

Verbi come APRIRE, tr (ho aperto). Coniugazione simile a quella di "coprire" e "offrire" (vedi).

Verbi come AVERE, tr (ho avuto).

riavere, tr (ho riavuto). Nelle forme del presente non c'è la "h". La I e la III persona del presente sono accentate (riò, riai, rià).

Verbi come BERE, tr (ho bevuto). L'infinito è irregolare: le altre forme sono regolari su base latina del verbo "bevere" ma sono irregolari il passato remoto e, con forme contratte, il futuro (berrò) e condizionale (berrei).

imbevere, tr (ho imbevuto). Come bere, ma con infinito che mantiene la forma "bevere".

Verbi come CADERE, intr (sono caduto).

accadere, impersonale (è accaduto). Participio presente raro.
scadere, intr (è scaduto). Normalmente usato in III persona.

CALERE, impersonale. Si usa quasi esclusivamente al presente indicativo. Usato solo in III persona. Manca di participio passato, imperativo, futuro, condizionale, gerundio e participio presente.

Verbi come <u>CHIEDERE</u>, tr (ho chiesto).

Diverso da gran parte del gruppo dei verbi in ~DERE perché ha il participio passato in ~sto.

Verbi come COMPIERE, tr (ho compiuto).

empiere, tr Privo del participio passato, utilizza "ho empito" (da "empire").
riempiere, tr Privo del participio passato, utilizza "ho riempito" (da "riempire").

Verbi come CONCEDERE, tr (ho concesso). Diverso da altri composti del verbo «cedere» (che sono regolari), perché ha passato remoto e participio passato irregolare. Vedi anche "succedere" e "retrocedere" che hanno invece sia la forma regolare che quella irregolare.

Verbi come CONOSCERE, tr (ho conosciuto). Coniugazione simile a quella del verbo "crescere" (vedi).

Verbi come COPRIRE, tr (ho coperto). Gruppo simile a quello di di "aprire" e "offrire".

Verbi come CORRERE, tr e intr (ho corso un rischio; sono corso a casa).

decorrere, intr (è decorso). Usato solo in terza persona per lo più riferito al tempo.
intercorrere, intr (è intercorso) Usato solo in terza persona, per lo più riferito al tempo.
occorrere, intr (sono occorso). Usato spesso nella forma impersonale.
scorrere, tr e intr (ho scorso il giornale; il sangue è scorso). Come intransitivo è usato spesso in I persona.

trascorrere, tr e intr (ho trascorso le vacanze; tempo è trascorso). Come intransitivo è usat spesso in III persona.

Verbi come CRESCERE, tr e intr (h cresciuto qualcuno; io sono cresciuto). Come trar sitivo ha il senso di "allevare". Come intransitiv ha il senso di "diventare grande". Coniugazion simile a quella di "conoscere" (vedi).

accrescere, tr e intr (ho accresciuto il rischio; possibilità sono accresciute). Come intransitivo usato spesso in III persona.
decrescere, intr (è decresciuto). Usato specia mente in III persona.
rincrescere, intr (è rincresciuto). Usato solo in persona.

Verbi come CUOCERE, tr (ho cotto). verbo "cuocere" può perdere la "u" nel dittong "uo" in diverse forme della coniugazione. N participio presente la caduta della "u" obbligatoria. Per l'alternanza fra il dittongo "uo" la vocale "o" vedi anche "dolere", "muovere "nuocere".

scuocere, tr (ho scotto). Più frequente il riflessiv "scuocersi" usato in III persona (si è scotto).

Verbi come DARE, tr (ho dato). L'imperativo "da'" provoca il raddoppiamento del consonante iniziale dell'eventuale pronom assimilato ("dallo", "dacci", "dammela").

ridare, tr (ho ridato). Alla I persona singolare d presente indicativo prende l'accento (ridó).

Verbi come DIRE, tr (ho detto). Verbo della II coniugazione (gruppo in ~ERE). La maggior parte dei tempi si forma su base DIC- (dal latino "dicere"). L'imperativo "di'" provoca il raddoppiamento della consonante iniziale dell'eventuale pronome assimilato (es. dillo, dallo, dimmelo, dicci ecc.) Attenzione: gran parte dei verbi con l'infinito in ~DIRE non sono composti del verbo DIRE, ma per lo più verbi della III coniugazione del gruppo in ~ISCO (come condire, impedire, inorridire, ecc). Composti del verbo DIRE sono solo:

addire, tr (ho addetto). Imperativo II persona singolare: "addici". Il riflessivo "addirsi" è difettivo di participio passato e passato remoto.

benedire, tr (ho benedetto). Imperativo II persona singolare: "benedici".

contraddire, tr (ho contraddetto). Imperativo II persona singolare: "contraddici".

disdire, tr (ho disdetto). Imperativo II persona singolare: "disdici".

indire, tr (ho indetto). Imperativo II persona singolare: "indici".

interdire, tr (ho interdetto). Imperativo II persona singolare: "interdici".

maledire, tr (ho maledetto). Imperativo II persona singolare: "maledici"

predire, tr (ho predetto). Imperativo II persona singolare: "predici".

stramaledire, tr (ho stramaledetto). Imperativo II persona singolare: "stramaledici".

DISCUTERE, tr (ho discusso). Coniugazione simile a quella del verbo "incutere" (vedi).

Verbi come DISTINGUERE, tr (ho distinto). Coniugazione simile a quella del verbo "estinguere" (vedi).

DOLERE, intr (ha doluto). Usato normalmente in III persona. Più frequente l'uso del riflessivo "dolersi". Per l'alternanza fra il dittongo "uo" e la vocale "o" vedi anche i verbi "cuocere", "muovere" e "scuotere".

DOVERE, tr (ho dovuto). Nelle forme in cui "dovere" accompagna l'infinito di un verbo con ausiliare "essere" (tipo: devo andare), prende l'ausiliare "essere" (sono dovuto andare). Tuttavia anche in questo caso l'ausiliare "avere" è tollerato (ho dovuto andare).

Verbi come ESIGERE, tr (ho esatto). Questo gruppo di verbi (esigere, redigere e transigere) si differenzia dagli altri verbi in ~IGERE perché ha il passato remoto regolare e il participio passato in ~atto. Il participio passato "esatto" si usa solo nel linguaggio burocratico.

redigere, tr (ho redatto). Passato remoto "redassi".
transigere, tr (ho transatto). Non usati participio passato e tempi composti.

Verbi come ESSERE, intr (sono stato).

riessere, intr (sono ristato). Nella forma del passato remoto "rifù" è accentato.

ESTINGUERE, tr (ho estinto). Coniugazione simile a quella del verbo "distinguere" (vedi).

Verbi come FARE, tr (ho fatto). Sopravvive ancora la forma "io fo" nel presente indicativo. L'imperativo "fa'" provoca il raddoppiamento della consonante iniziale dell'eventuale pronome assimilato (per esempio: "fallo").

assuefare, tr (ho assuefatto). Più frequente il riflessivo "assuefarsi". III persona del presente indicativo "assuefà", con accento. L'imperativo non provoca raddoppiamento se l'accento tonico viene portato sulla "e": assuèfati.

confarsi, rifl (mi sono confatto). Raramente usati il participio passato e i tempi composti. III persona del presente indicativo "confà", con accento. Raddoppiamento consonantico nell'imperativo con pronome: "confatti".

contraffare, tr (ho contraffatto). III persona del presente indicativo "rifà", con accento. Raddoppiamento consonantico nell'imperativo con pronome: "contraffallo".

disfare, tr (ho disfatto). Oltre alla coniugazione simile a quella di tutti gli altri composti di fare, dispone anche di una coniugazione autonoma e regolare. Se viene coniugato come composto di fare, allora, come gli altri, ha l'accento nella III persona del presente indicativo (disfà) e provoca raddoppiamento consonantico nel pronome assimilato all'imperativo ("disfallo").

liquefare, tr (ho liquefatto). III persona del presente indicativo "liquefà", con accento. Raddoppiamento consonantico nell'imperativo con pronome: "liquefallo".

rarefare, tr (ho rarefatto). III persona del presente indicativo "rarefà", con accento. Raddoppiamento consonantico nell'imperativo con pronome: "rarefallo".

rifare, tr (ho rifatto). III persona del presente indicativo "rifà", con accento. Raddoppiamento consonantico nell'imperativo con pronome: "rifallo".

soddisfare, tr (ho soddisfatto). Oltre alla coniugazione simile a quella di tutti gli altri composti di fare, dispone anche di una coniugazione autonoma e regolare. Coniugato come composto di fare prende l'accento nella III persona del presente indicativo ("soddisfà", raro) e provoca raddoppiamento consonantico nel pronome assimilato all'imperativo ("soddisfallo", raro).

sopraffare, tr (ho sopraffatto). III persona del presente indicativo "sopraffà", con accento. Raddoppiamento consonantico nell'imperativo con pronome: "sopraffallo".

strafare, tr (ho strafatto). III persona del presente indicativo "strafà", con accento. Improbabile l'uso di imperativo con pronome; nel caso c'è il raddoppiamento consonantico: "strafatti".

stupefare, tr (ho stupefatto). III persona del presente indicativo "stupefà", con accento. Raddoppiamento consonantico nell'imperativo con pronome: "stupefallo".

torrefare, tr (ho torrefatto). III persona del presente indicativo "torrefà", con accento. Raddoppiamento consonantico nell'imperativo con pronome: "torrefallo".

tumefare, tr (ho tumefatto). III persona del presente indicativo "tumefà", con accento. Raddoppiamento consonantico nell'imperativo con pronome: "tumefallo".

Verbi come FULGERE, intr. Manca del participio passato. Coniugazione simile a quella dei verbi in ~GERE (vedi).

rifulgere, intr (sono rifulso).

GIACERE, intr (ho giaciuto). Coniugazione simile ai verbi "piacere" e "tacere" (vedi).

INCUTERE, tr (ho incusso). Coniugazione simile a quella del verbo "discutere" (vedi).

INFERIRE, tr (ho inferito/inferto). Le forme regolari si usano quando inferire significa "trarre una deduzione", "considerare"; le forme irregolari quando significa "infliggere".

Verbi come METTERE, tr (ho messo)

intromettere, tr (ho intromesso). Più frequente la forma riflessiva "intromettersi".

MUOVERE, tr (ho mosso). Come "cuocere", "nuocere" e "percuotere" può ridurre, in molti casi, il dittongo "uo" in "o". L'uso è però molto raro.

NASCONDERE, tr (ho nascosto). Coniugazione simile a quella del verbo "rispondere" (vedi).

NUOCERE, intr (ho nuociuto). Come "cuocere", "muovere" e "percuotere" può ridurre, in molti casi, il dittongo "uo" in "o". L'uso è però molto raro.

OFFRIRE, tr (ho offerto). Coniugazione simile a quella di "aprire" e "coprire" (vedi).

Verbi come PERCUOTERE, tr (ho percosso). Coniugazione simile a quella del verbo "scuotere" (vedi).

ripercuotere, tr (ho ripercosso) Più usato nella forma riflessiva "ripercuotersi", specialmente in III persona (si è ripercosso).

PERMANERE, intr Coniugazione simile a quella del verbo "rimanere" (vedi). Rarissimo il participio passato "permaso" o "permanso".

Verbi come PIACERE, intr (è piaciuto). Coniugazione simile a quella dei verbi "giacere" e "tacere" (vedi).

compiacere, intr (ho compiaciuto). Più usata la forma riflessiva "compiacersi" (mi sono compiaciuto).

Verbi come PIOVERE, intr e impersonale (è piovuto; ha piovuto). Normalmente usato in III persona singolare; può essere usato nelle altre persone con senso figurato nel significato di "arrivare all'improvviso", oppure "arrivare in massa" (come le gocce di pioggia). Per es.: Durante la guerra piovevano colpi di fucile; non vi aspettavo a cena, siete piovuti qui all'improvviso.

spiovere, impers (è spiovuto; ha spiovuto). Come "piovere" ma usato esclusivamente in III persona singolare.

Verbi come PORRE, tr (ho posto). Verbo della II coniugazione (gruppo in ~ERE). Quasi tutte le forme si costruiscono sulla base latina (PONERE).

decomporre, tr (ho decomposto). Più frequente la forma riflessiva "decomporsi".

Verbi come POTERE, tr (ho potuto). Nelle forme in cui "potere" accompagna l'infinito di un verbo con ausiliare "essere" (tipo: posso andare), prende l'ausiliare "essere" (sono potuto andare). Tuttavia anche in questo caso l'ausiliare "avere" è tollerato (ho potuto andare).

RETROCEDERE, tr e intr (ho retrocesso/retroceduto); (sono retrocesso/retroceduto). A differenza di altri composti del verbo "cedere" che sono regolari, questo verbo ha passato remoto e participio passato sia nella forma regolare (retroceduto, retrocedei) che quella irregolare (retrocesso, retrocessi). Coniugazione simile a quella di "succedere" (vedi).

RIFLETTERE, tr e intr (ho riflettuto/riflesso). Nel significato di "pensare", "meditare", il verbo riflettere è intransitivo e segue la coniugazione regolare (passato remoto: "riflettei"; participio

passato: "riflettuto"). Nel significato di "dare un riflesso" il verbo "riflettere" è transitivo (riflettere un'immagine) e può seguire sia la coniugazione regolare (riflettei, riflettuto) che quella irregolare (riflessi, riflesso).

RIFRANGERE, tr (ho rifranto/rifratto). Nel senso più comune di "provocare una rifrazione di immagine", tipico del linguaggio della fisica, il participio passato è "rifratto"; in altri sensi il verbo rifrangere segue la normale coniugazione dei verbi in ~GERE (vedi).

Verbi come RISPONDERE, tr (ho risposto). Coniugazione simile a quella di "nascondere" (vedi).

Verbi come ROMPERE, tr (ho rotto).

dirompere, intr (ho dirotto). Raro il participio passato.
erompere, intr (ho erotto). Raro il participio passato.
irrompere, intr Difettivo di participio passato.

Verbi come SALIRE, tr e intr (ho salito le scale; sono salito sul tavolo). Al participio passato, con cambiamento di significato, ha anche la forma "saliente".

assalire, tr (ho assalito). Questo verbo presenta anche una coniugazione come i verbi in ~ISCO. Pass. remoto ("assalii" o, raramente, "assalsi").
risalire, tr e intr (ho risalito la china; sono risalito in vetta).
trasalire, intr (ho trasalito e sono trasalito).

Verbi come SAPERE, tr (ho saputo). Nelle forme in cui "sapere" accompagna l'infinito

di un verbo con ausiliare "essere" (tipo: so andare), può prendere l'ausiliare "essere" (sono saputo andare), ma preferisce "avere" (ho saputo andare).

risapere, tr (ho risaputo). La III persona del presente indicativo va scritta accentata (risà).

Verbi come SCINDERE, tr (ho scisso).

prescindere, tr (ho prescisso). Il passato remoto è regolare (prescindei/prescindetti, prescindesti, prescindé/prescindette, prescindemmo, prescindeste, prescinderono/prescindettero). Raro l'uso del participio passato "prescisso".

SCUOTERE, tr (ho scosso). Coniugazione simile a quella di "percuotere" (vedi). In molte forme è possibile (ma usata raramente) la riduzione del dittongo "uo" nella vocale "o".

SECERNERE, tr (ho secreto). Usato specialmente in III persona.

Verbi come SEDERE, intr (ho seduto). Usato specialmente nella forma riflessiva "sedersi".

soprassedere, intr (ho soprasseduto). Si coniuga come "sedere" e "possedere", ma non ha le forme in segg- (come seggo, segga, seggono, seggano).
possedere, tr (ho posseduto). Participio presente "possidente".

Verbi come SEPPELLIRE, tr (ho seppellito/sepolto). Non usato il participio presente.

SOLERE, intr. Difettivo di futuro, condizionale, imperativo, participio presente e passato.

SPEGNERE, tr (ho spento). Vedi anche le forme di SPENGERE fra i verbi in ~GERE.

SUCCEDERE, intr e impersonale (sono succeduto/è successo). "Succedere" ha due significati: 1) "Accadere" e quando è usato in questo senso è impersonale e usa normalmente le forme irregolari (per es.: un giorno è successo questo; un giorno successe questo). 2) "Venire dopo, subentrare" e in questo senso usa normal-mente le forme regolari (per es.: La regina Elisabetta è succeduta alla regina Vittoria; la regina Elisabetta succedette alla regina Vittoria).

Verbi come TACERE, intr (ho taciuto).

Coniugazione simile a quella del verbo "piacere" e "giacere" (vedi).

sottacere, tr (ho sottaciuto). All'indicativo presente preferisce "sottaciamo" con una sola "c".

Verbi come TENERE, tr (ho tenuto).

Come nel verbo "venire", l'imperativo di II persona (tieni), quando assimila un pronome enclitico, può provocare la perdita della vocale "i": tienici/tienci; tienilo/tienlo; tienimi/tiemmi, ecc. Questo uso è frequente nel verbo tenere (e nei suoi composti) specialmente nella forma riflessiva (tienti/tieniti).

appartenere, intr (sono appartenuto; ho appartenuto).

astenersi, rifl (mi sono astenuto). La II persona dell'imperativo (astieni), quando assimila un pronome, può perdere la "i" finale: astienti/astieniti.

attenere, tr (ha attenuto). Usato specialmente in III persona. Raro l'uso del participio passato e di tutte le forme composte. La II persona dell'imperativo (attieni), quando assimila un pronome, può perdere la "i" finale: attienti/attieniti.

intrattenere, tr (ho intrattenuto). La II persona dell'imperativo (intrattieni), quando assimila un pronome, può perdere la "i" finale: intrattienti, intrattienlo ecc./intrattieniti, intrattienilo ecc.

mantenere, tr (ho mantenuto). La II persona dell'imperativo (mantieni), quando assimila un pronome, può perdere la "i" finale: mantienti/mantieniti.

ritenere, tr (ho ritenuto). La II persona dell'imperativo (ritieni), quando assimila un pronome, può perdere la "i" finale: ritienti, ritienlo ecc./ritieniti, ritienlo ecc.

Verbi come TORCERE, tr (ho torto).

ritorcere, tr (ho ritorto). Più usata la forma riflessiva "ritorcersi".

UDIRE, tr (ho udito). Nel futuro e nel condizionale esistono le forme sincopate ma sono poco usate.

Verbi come VALERE, intr (è valso).

equivalere, intr (sono equivalsi). Normalmente usato al plurale.

Verbi come VEDERE, tr (ho visto/veduto). Il verbo "vedere" ha il doppio participio passato (visto/veduto) e le forme di futuro e condizionale contratte (vedrò, vedrai, vedrà; vedrei, vedresti, vedrebbe). I composti di vedere, in molti casi hanno solo un participio passato e il futuro e il condizionale nella forma non contratta.

avvedersi, tr (mi sono avveduto). Futuro e condizionale in forma contratta come vedere (avvedrò, avvedrai, avvedrà; avvedrei avvedresti, avvedrebbe).

intravedere, tr (ho intravisto/intraveduto). Futuro e condizionale preferiscono le forme NON contratte (intravederò, intravederai, intravederà; intravederei, intravederesti, intravederebbe).

prevedere, tr (ho previsto/preveduto). Raro il participio passato "preveduto". Futuro e condizionale preferiscono le forme NON contratte (prevederò, prevederai, prevederà; prevederei, prevederesti, prevederebbe).

provvedere, tr (ho provvisto/provveduto). Il participio passato "provvisto" è usato specialmente nei tempi composti del riflessivo "provvedersi", nel senso di "munirsi, attrezzarsi" (per es.: per andare in montagna mi sono provveduto di scarponi). Il participio passato "provveduto" si usa quando il verbo ha il senso di "avere cura, prendere un provvedimento" (ho provveduto a fare quello che hai detto). Futuro e condizionale preferiscono le forme NON contratte (provvederò, provvederai, provvederà; provvederei, provvederesti, provvederebbe).

ravvedersi, tr (mi sono ravveduto). Futuro e condizionale hanno anche la forma regolare NON contratta (ravvederò, ravvederai, ravvederà; ravvederei, ravvederesti, ravvederebbe).

rivedere, tr (ho rivisto/riveduto). Doppio participio, futuro e condizionale sincopato, come "vedere".

stravedere, tr (ho stravisto/straveduto). Raro il participio passato "straveduto". Futuro e condizionale preferiscono le forme NON contratte (stravederò, stravederai, stravederà; stravederei, stravederesti, stravederebbe).

Verbi come VENIRE, intr (sono venuto).

Come nel verbo "tenere", l'imperativo di II persona (vieni), quando assimila un pronome enclitico, può provocare la perdita della vocale "i": vienici/vienci; vienilo/vienlo; vienimi/viemmi ecc.

avvenire, impers (è avvenuto).

convenire, impers (è convenuto).

divenire, intr/copulativo (sono divenuto).

sovvenire, intr (è sovvenuto). Normalmente usato in III persona.

svenire, intr (sono svenuto). Futuro e condizionale NON usano la forma sincopata ma quella regolare (svenirò, svenirai, svenirà, svenirei, sveniresti, svenirebbe, ecc.).

Verbi come VINCERE, tr (ho vinto).

Coniugazione simile al verbo "torcere" (vedi).

Verbi come VIVERE, tr e intr (ho vissuto sono vissuto). Usa indifferentemente l'ausiliare "essere" o "avere".

convivere, intr (ho convissuto; sono convissuto) Usa indifferentemente l'ausiliare "essere" "avere". Nel futuro ha anche le forme regolar (conviverò).

sopravvivere, intr (ho sopravvissuto; sono sopravvissuto). Usa indifferentemente l'ausiliare "essere" o "avere". Nel futuro ha anche le forme regolari (sopravviverò)

VOLERE, tr (ho voluto). Nelle forme in cu "volere" accompagna l'infinito di un verbo con ausiliare "essere" (tipo: voglio andare), prende l'ausiliare "essere" (sono voluto andare). Tuttavia anche in questo caso l'ausiliare "avere" è tollerato (ho voluto andare).

verbo (note pag)	modello	pag	ausiliare	verbo (note pag)	modello	pag	ausiliare
abbandonare	amare	5	avere	addurre (114)	~durre	11	avere
abbellire	finire	8	avere	adempiere	compiere	34	avere
abbrustolire	finire	8	avere	adempire	riempire	80	avere
abbrutire	finire	8	ess/av	aderire	finire	8	avere
abitare	amare	5	avere	adibire	finire	8	avere
abituare	amare	5	avere	adire	finire	8	avere
abolire	finire	8	avere	adoperare	amare	5	avere
abortire	finire	8	avere	affermare	amare	5	avere
accadere (115)	cadere	31	essere	affidare	amare	5	avere
accanirsi	finire	8	essere	affievolire	finire	8	ess/av
accendere (114)	~endere	12	avere	affiggere	~figgere	15	avere
accettare	amare	5	avere	affliggere	~ggere	17	avere
accingersi	~gere	16	essere	affluire	finire	8	essere
accludere	~dere	10	avere	affrontare	amare	5	avere
accogliere	~gliere	18	avere	aggiornare	amare	5	avere
accompagnare	amare	5	avere	aggiungere	~gere	16	avere
accondiscendere	~endere	12	avere	aggredire	finire	8	avere
acconsentire	seguire	7	avere	agire	finire	8	avere
accorgersi	~gere	16	essere	allargare	~care ~gare	9	avere
accorrere	correre	39	essere	alleggerire	finire	8	avere
accrescere (116)	crescere	40	ess/av	allestire	finire	8	avere
accudire	finire	8	avere	allibire	finire	8	essere
accusare	amare	5	avere	alludere	~dere	10	avere
acquisire	finire	8	avere	alzare	amare	5	avere
acquistare	amare	5	avere	amare	amare	5	avere
acuire	finire	8	avere	ambire	finire	8	avere
addire (117)	dire	43	avere	ammansire	finire	8	ess/av
addivenire	venire	109	essere	ammattire	finire	8	essere
addolcire	finire	8	ess/	ammazzare	amare	5	avere

verbo (note pag)	modello	pag	ausiliare	verbo (note pag)	modello	pag	ausiliare
ammettere	mettere	62	avere	arrabbiarsi	amare	5	essere
ammonire	finire	8	avere	arrendersi (114)	~endere	12	essere
ammorbidire	finire	8	avere	arricchire	finire	8	ess/av
ammuffire	finire	8	ess/av	arridere (114)	~dere	10	avere
ammutolire	finire	8	ess/av	arrivare	amare	5	essere
amnistiare	~iare (2)	20	avere	arrossire	finire	8	essere
andare (115)	andare	27	essere	arrostire	finire	8	ess/av
annerire	finire	8	ess/av	arrugginire	finire	8	ess/av
annettere (114)	~ettere	14	avere	artefare	fare	55	avere
annichilire	finire	8	ess/av	ascendere (114)	~endere	12	ess/av
annuire	finire	8	avere	ascoltare	amare	5	avere
anteporre	porre	74	avere	ascrivere	scrivere	89	avere
apparire (115)	~parire	22	essere	aspergere	~ergere	13	avere
appartenere (121)	tenere	102	ess/av	aspettare	amare	5	avere
appassire	finire	8	ess/av	assalire (120)	salire	86	avere
appendere	~endere	12	avere	assentire	seguire	7	avere
appesantire	finire	8	avere	asserire	finire	8	avere
appiattire	finire	8	avere	assicurare	amare	5	avere
applicare	~care ~gare	9	avere	assidersi (114)	~dere	10	essere
apporre	porre	74	avere	assistere	~sistere	24	avere
apprendere	~endere	12	avere	assolvere	~solvere	25	avere
apprezzare	amare	5	avere	assopire	finire	8	avere
approfittare	amare	5	avere	assuefare (117)	fare	55	avere
approfondire	finire	8	avere	assumere	~sumere	26	avere
approvare	amare	5	avere	assurgere	~gere	16	essere
appuntire	finire	8	avere	astenersi (121)	tenere	102	essere
aprire (115)	aprire	28	avere	astergere (114)	~ergere	13	avere
ardere	~dere	10	ess/av	astrarre	trarre	104	avere
ardire	finire	8	avere	astringere	stringere	99	avere

verbo (note pag)	modello	pag	ausiliare
attaccare	~care ~gare	9	avere
attecchire	finire	8	ess/av
attendere	~endere	12	avere
attenere (121)	tenere	102	ess/av
atterrire	finire	8	ess/av
attingere	~gere	16	avere
attorcere	torcere	103	avere
attrarre	trarre	104	avere
attraversare	amare	5	avere
attribuire	finire	8	avere
attutire	finire	8	avere
augurare	amare	5	avere
aumentare	amare	5	ess/av
avere	avere	29	avere
avvalersi	valere	107	essere
avvedersi (121)	vedere	108	essere
avvenire (122)	venire	109	essere
avvertire	seguire	7	avere
avviare	~iare (2)	20	avere
avvicinare	amare	5	avere
avvilire	finire	8	avere
avvincere	vincere	110	avere
avvisare	amare	5	avere
avvizzire	finire	8	ess/av
avvolgere	~gere	16	avere
azzittire	finire	8	ess/av
baciare	~iare (1)	19	avere
bandire	finire	8	avere
barrire	finire	8	avere

verbo (note pag)	modello	pag	ausiliare
basare	amare	5	avere
bastare	amare	5	essere
battere	credere	6	avere
benedire (117)	dire	43	avere
bere (115)	bere	30	avere
bisognare	amare	5	—
blandire	finire	8	avere
bloccare	~care ~gare	9	avere
brandire	finire	8	avere
bucare	~care ~gare	9	avere
buttare	amare	5	avere
cadere	cadere	31	essere
calere (115)	calere	32	—
cambiare (114)	~iare (1)	19	ess/av
camminare	amare	5	avere
capire	finire	8	avere
capitare	amare	5	essere
capovolgere	~gere	16	avere
carpire	finire	8	avere
cedere	credere	6	avere
cercare	~care ~gare	9	avere
chiamare	amare	5	avere
chiarire	finire	8	avere
chiedere (116)	chiedere	33	avere
chiudere	~dere	10	avere
cingere	~gere	16	avere
circoncidere	~dere	10	avere
circoscrivere	scrivere	89	avere
circuire	finire	8	avere

LISTA DEI VERBI ITALIANI

verbo (note pag)	modello	pag	ausiliare
citare	amare	5	avere
coesistere (115)	~sistere	24	essere
cogliere	~gliere	18	avere
coincidere (114)	~dere	10	avere
coinvolgere	~gere	16	avere
collegare	~care ~gare	9	avere
collidere (114)	~dere	10	avere
colludere (114)	~dere	10	avere
colorire	finire	8	avere
colpire	finire	8	avere
combattere	credere	6	avere
cominciare	~iare (1)	19	ess/av
commettere	mettere	62	avere
commuovere	muovere	64	avere
comparire	~parire	22	essere
compatire	finire	8	avere
competere	credere	6	avere
compiacere (119)	piacere	72	avere
compiangere	~gere	16	avere
compiere	compiere	34	avere
compire	riempire	80	avere
comporre	porre	74	avere
comportare	amare	5	avere
comprare	amare	5	avere
comprendere	~endere	12	avere
comprimere	~primere	23	avere
compromettere	mettere	62	avere
comunicare	~care ~gare	9	avere
concedere (116)	concedere	35	avere

verbo (note pag)	modello	pag	ausiliare
concentrare	amare	5	avere
concepire	finire	8	avere
concernere (113)	credere	6	—
conchiudere (114)	~dere	10	avere
concludere	~dere	10	avere
concorrere	correre	39	avere
concupire	finire	8	avere
condire	finire	8	avere
condiscendere	~endere	12	avere
condividere	~dere	10	avere
condurre	~durre	11	avere
confarsi (118)	fare	55	essere
conferire	finire	8	avere
confermare	amare	5	avere
configgere	~ggere	17	avere
confluire	finire	8	ess/av
confondere	fondere	56	avere
congiungere	~gere	16	avere
connettere	~ettere	14	avere
conoscere (116)	conoscere	36	avere
conquidere (114)	~dere	10	avere
consegnare	amare	5	avere
conseguire	seguire	7	avere
consentire	seguire	7	avere
considerare	amare	5	avere
consigliare	~iare (1)	19	avere
consistere (115)	~sistere	24	essere
contare	amare	5	avere
contendere	~endere	12	avere

verbo (note pag)	modello	pag	ausiliare
contenere	tenere	102	avere
continuare	amare	5	ess/av
contorcere	torcere	103	avere
contraddire (117)	dire	43	avere
contraddistinguere	distinguere	45	vere
contraffare (118)	fare	55	aver
contrapporre	porre	74	avere
contrarre	trarre	104	avere
contravvenire	venire	109	avere
contribuire	finire	8	avere
controllare	amare	5	avere
contundere	contundere	37	avere
convenire (122)	venire	109	ess/av
convergere (113)	credere	6	—
convergere (114)	~ergere	13	essere
convertire	seguire	7	avere
convincere	vincere	110	avere
convivere (122)	vivere	111	ess/av
copiare	~iare (1)	19	avere
coprire (116)	coprire	38	avere
correggere	~ggere	17	avere
correre (116)	correre	39	ess/av
corrispondere	rispondere	84	avere
corrodere	~dere	10	avere
corrompere	rompere	85	avere
cospargere	spargere	96	avere
costare	amare	5	essere
costituire	finire	8	avere
costringere	stringere	99	avere

verbo (note pag)	modello	pag	ausiliare
costruire	finire	8	avere
creare	amare	5	avere
credere	credere	6	avere
crescere (116)	crescere	40	ess/av
criticare	~care ~gare	9	avere
crocefiggere	~figgere	15	avere
crocifiggere	~figgere	15	avere
cucire (113)	seguire	7	avere
cuocere (116)	cuocere	41	avere
curare	amare	5	avere
custodire	finire	8	avere
dare (116)	dare	42	avere
decadere	cadere	31	essere
decidere	~dere	10	avere
decomporre (119)	porre	74	avere
decomprimere	~primere	23	avere
decorrere (116)	correre	39	essere
decrescere (116)	crescere	40	essere
dedicare	~care ~gare	9	avere
dedurre	~durre	11	avere
deferire	finire	8	avere
definire	finire	8	avere
deflettere	~ettere	14	avere
defluire	finire	8	essere
defungere	~gere	16	essere
deglutire	finire	8	avere
delinquere (113)	credere	6	—
deludere	~dere	10	avere
demolire	finire	8	avere

verbo (note pag)	modello	pag	ausiliare	verbo (note pag)	modello	pag	ausiliare
demordere (114)	~dere	10	avere	dipendere	~endere	12	essere
deperire	finire	8	essere	dipingere	~gere	16	avere
deporre	porre	74	avere	dire (117)	dire	43	avere
deprimere	~primere	23	avere	dirigere (115)	~igere	21	avere
deridere	~dere	10	avere	dirimere (113)	credere	6	—
derivare	amare	5	ess/av	dirompere (120)	rompere	85	ess/av
descrivere	scrivere	89	avere	disassuefare	fare	55	avere
desiare	~iare (2)	20	avere	disattendere	~endere	12	avere
desistere	~sistere	24	avere	discendere (114)	~endere	12	ess/av
desumere	~sumere	26	avere	discernere (113)	credere	6	—
detenere	tenere	102	avere	dischiudere	~dere	10	avere
detergere (114)	~ergere	13	avere	disciogliere	~gliere	18	avere
determinare	amare	5	avere	disconnettere	~ettere	14	avere
detrarre	trarre	104	avere	disconoscere	conoscere	36	avere
deviare	~iare (2)	20	avere	discoprire	coprire	38	avere
devolvere	evolvere	54	avere	discorrere	correre	39	avere
dichiarare	amare	5	avere	discutere (117)	discutere	44	avere
difendere	~endere	12	avere	disdire (117)	dire	43	avere
differire	finire	8	avere	disegnare	amare	5	avere
diffondere	fondere	56	avere	disfare (118)	fare	55	avere
digerire	finire	8	avere	disgiungere	~gere	16	avere
diligere	~igere	21	avere	disilludere	~dere	10	avere
diluire	finire	8	avere	disparire	~parire	22	essere
dimagrire	finire	8	essere	disperdere	~dere	10	avere
dimenticare	~care ~gare	9	avere	dispiacere	piacere	72	essere
dimettersi	mettere	62	essere	disporre	porre	74	avere
diminuire	finire	8	ess/av	disquisire	finire	8	avere
dimostrare	amare	5	avere	dissentire	seguire	7	avere
dipartire	seguire	7	ess/av	disseppellire	seppellire	93	essere

verbo (note pag)	modello	pag	ausiliare	verbo (note pag)	modello	pag	ausiliare
dissolvere	~solvere	25	avere	eliminare	amare	5	avere
dissuadere	~dere	10	avere	eludere	~dere	10	avere
distendere	~endere	12	avere	emergere	~ergere	13	essere
distinguere (117)	distinguere	45	avere	emettere	mettere	62	avere
distogliere	~gliere	18	avere	empiere (116)	compiere	34	avere
distorcere	torcere	103	avere	empire	riempire	80	avere
distrarre	trarre	104	avere	entrare	amare	5	essere
distribuire	finire	8	avere	equivalere (121)	valere	107	ess/av
distruggere	~ggere	17	avere	ergere (114)	~gere	16	avere
disubbidire (113)	finire	8	avere	erigere	~igere	21	avere
disunire	finire	8	avere	erodere	~dere	10	avere
disviare	~iare (2)	20	avere	erompere (120)	rompere	85	avere
disvolgere	~gere	16	avere	erudire	finire	8	avere
divellere	divellere	46	avere	esaudire	finire	8	avere
divenire (122)	venire	109	essere	esaurire (113)	finire	8	avere
diventare	amare	5	essere	escludere	~dere	10	avere
divergere (113)	credere	6	—	esibire	finire	8	avere
divertire	seguire	7	avere	esigere (117)	esigere	50	avere
dividere	~dere	10	avere	esimere (113)	credere	6	—
dolere (117)	dolere	47	ess/av	esistere	~sistere	24	essere
domandare	amare	5	avere	esordire	finire	8	avere
dormire (113)	seguire	7	avere	espandere	spandere	95	avere
dovere (117)	dovere	48	ess/av	espellere	espellere	51	avere
durare	amare	5	ess/av	espiare	~iare (2)	20	avere
eccellere	eccellere	49	ess/av	esplodere (114)	~dere	10	ess/av
eccepire	finire	8	avere	esporre	porre	74	avere
effondere	fondere	56	ess/av	esprimere	~primere	23	avere
eleggere	~ggere	17	avere	espungere	~gere	16	avere
elidere	~dere	10	avere	essere	essere	52	essere

verbo (note pag)	modello	pag	ausiliare	verbo (note pag)	modello	pag	ausiliare
estendere	~endere	12	avere	forbire	finire	8	avere
estinguere (117)	estinguere	53	avere	formare	amare	5	avere
estorcere	torcere	103	avere	fornire	finire	8	avere
estrarre	trarre	104	avere	fraintendere	~endere	12	avere
estroflettersi	mettere	62	essere	framettere	mettere	62	avere
estromettere	mettere	62	avere	frangere	~gere	16	avere
estrudere (114)	~dere	10	avere	frapporre	porre	74	avere
evadere (114)	~dere	10	ess/av	fregare	~care ~gare	9	avere
evincere	vincere	110	avere	frequentare	amare	5	avere
evitare	amare	5	avere	friggere	~ggere	17	avere
evolvere	evolvere	54	ess/av	fruire	finire	8	avere
fallire	finire	8	ess/av	fuggire	seguire	7	essere
farcire	finire	8	avere	fulgere (118)	fulgere	57	—
fare (117)	fare	55	avere	fumare	amare	5	avere
favorire	finire	8	avere	fungere	~gere	16	avere
ferire	finire	8	avere	fuoriuscire	uscire	106	essere
fermare	amare	5	avere	fuorviare	~iare (2)	20	avere
fervere (113)	credere	6	—	garantire	finire	8	avere
festeggiare	~iare (1)	19	avere	genuflettersi	~ettere	14	essere
figgere	~ggere	17	avere	gestire	finire	8	avere
figurare	amare	5	avere	ghermire	finire	8	avere
fingere	~gere	16	avere	giacere (118)	giacere	58	ess/av
finire (113)	finire	8	ess/av	giocare (113)	~care ~gare	9	avere
fiorire	finire	8	ess/av	gioire	finire	8	avere
firmare	amare	5	avere	girare	amare	5	ess/av
fissare	amare	5	avere	giudicare	~care ~gare	9	avere
flettere	~ettere	14	avere	giungere	~gere	16	essere
fluire	finire	8	essere	giurare	amare	5	avere
fondere	fondere	56	avere	giustapporre	porre	74	avere

verbo (note pag)	modello	pag	ausiliare	verbo (note pag)	modello	pag	ausiliare
godere	godere	59	avere	impazzire	finire	8	essere
gradire	finire	8	avere	impedire	finire	8	avere
gremire	finire	8	avere	impegnare	amare	5	avere
grugnire	finire	8	avere	impensierire	finire	8	avere
guadagnare	amare	5	avere	impiegare	~care ~gare	9	avere
guaire	finire	8	avere	impietosire	finire	8	avere
guardare	amare	5	avere	impigrire	finire	8	ess/av
guarire	finire	8	ess/av	implodere (114)	~dere	10	essere
guarnire	finire	8	avere	impoltronire	finire	8	ess/av
languidire	finire	8	ess/av	imporre	porre	74	avere
illudere	~dere	10	avere	importare	amare	5	ess/av
imbarbarire	finire	8	ess/av	impratichire	finire	8	avere
imbastardire	finire	8	ess/av	imprendere	~endere	12	avere
imbastire	finire	8	avere	impreziosire	finire	8	avere
imbevere (115)	bere	30	avere	imprimere	~primere	23	avere
imbizzarrire	finire	8	ess/av	imputridire	finire	8	ess/av
imborghesire	finire	8	ess/av	impuzzolentire	finire	8	avere
imbottire	finire	8	avere	inacerbire	finire	8	ess/av
imbruttire	finire	8	ess/av	inacidire	finire	8	ess/av
immaginare	amare	5	avere	inaridire	finire	8	ess/av
immalinconire	finire	8	ess/av	inasprire	finire	8	ess/av
immergere	~ergere	13	avere	incallire	finire	8	ess/av
immettere	mettere	62	avere	incanaglire	finire	8	ess/av
immiserire	finire	8	ess/av	incancrenire	finire	8	ess/av
impadronirsi	finire	8	essere	incaparbire	finire	8	essere
impallidire	finire	8	essere	incaponirsi	finire	8	essere
imparare	amare	5	avere	incarognire	finire	8	ess/av
impartire	finire	8	avere	incartapecorire	finire	8	ess/av
impaurire	finire	8	avere	incattivire	finire	8	ess/av

verbo (note pag)	modello	pag	ausiliare	verbo (note pag)	modello	pag	ausiliare
incenerire	finire	8	avere	inferire (118)	inferire	61	avere
incidere	~dere	10	avere	inferocire	finire	8	ess/av
incivilire	finire	8	ess/av	infervorire	finire	8	avere
includere	~dere	10	avere	infiacchire	finire	8	ess/av
incogliere	~gliere	18	essere	infierire	finire	8	avere
incollerire	finire	8	essere	infiggere	~figgere	17	avere
incombere (113)	credere	6	—	infingere	~gere	16	avere
incominciare	~iare (1)	19	ess/av	infittire	finire	8	ess/av
incontrare	amare	5	avere	infliggere	~ggere	17	avere
incorrere	correre	39	essere	influire	finire	8	ess/av
incrudelire	finire	8	ess/av	infondere	fondere	56	avere
incuriosire	finire	8	avere	informare	amare	5	avere
incurvire	finire	8	ess/av	infrangere	~gere	16	avere
incutere (118)	incutere	60	avere	infreddolire	finire	8	essere
indebolire	finire	8	ess/av	ingelosire	finire	8	ess/av
indicare	~care ~gare	9	avere	ingentilire	finire	8	ess/av
indire (117)	dire	43	avere	ingerire	finire	8	avere
indispettire	finire	8	avere	ingiallire	finire	8	ess/av
indisporre	porre	74	avere	ingigantire	finire	8	ess/av
individuare	amare	5	avere	ingiungere	~gere	16	avere
indolcire	finire	8	avere	ingobbire	finire	8	essere
indolenzire	finire	8	ess/av	ingolosire	finire	8	ess/av
indulgere	~gere	16	avere	ingrandire	finire	8	ess/av
indurire	finire	8	ess/av	ingrugnire	finire	8	essere
indurre	~durre	11	avere	inibire	finire	8	avere
inebetire	finire	8	ess/av	iniziare	~iare (1)	19	ess/av
inerire (113)	finire	8	—	innervosire	finire	8	avere
infarcire	finire	8	avere	inorgoglire	finire	8	ess/av
infastidire	finire	8	avere	inorridire	finire	8	ess/av

verbo (note pag)	modello	pag	ausiliare	verbo (note pag)	modello	pag	ausiliare
nquisire	finire	8	avere	intimorire	finire	8	avere
nsaporire	finire	8	avere	intingere	~gere	16	avere
nsegnare	amare	5	avere	intirizzire	finire	8	ess/av
nseguire	seguire	7	avere	intontire	finire	8	ess/av
nselvatichire	finire	8	ess/av	intorbidire	finire	8	ess/av
nserire	finire	8	avere	intorpidire	finire	8	ess/av
nsignire	finire	8	avere	intraprendere	~endere	12	avere
nsipidire	finire	8	ess/av	intrattenere (121)	tenere	102	avere
nsistere	~sistere	24	avere	intravedere (122)	vedere	108	avere
nsolentire	finire	8	avere	intridere	~dere	10	avere
nsorgere	~gere	16	essere	intristire	finire	8	essere
nsospettire	finire	8	avere	introdurre	~durre	11	avere
nsuperbire	finire	8	ess/av	intromettere (119)	mettere	62	avere
ntendere	~endere	12	avere	intrudere	~dere	10	avere
ntenerire	finire	8	ess/av	intuire	finire	8	avere
nteragire	finire	8	avere	inturgidire	finire	8	essere
nterconnettere	~ettere	14	avere	inumidire	finire	8	avere
ntercorrere (116)	correre	39	essere	invadere	~dere	10	avere
nterdire (117)	dire	43	avere	invaghirsi	finire	8	essere
nteressare	amare	5	ess/av	inveire	finire	8	avere
nterferire	finire	8	avere	invelenire	finire	8	ess/av
nterloquire	finire	8	avere	inventare	amare	5	avere
nterporre	porre	74	avere	invertire	seguire	7	avere
nterpretare	amare	5	avere	investire	seguire	7	avere
nterrompere	rompere	85	avere	inviare	~iare (2)	20	avere
ntervenire	venire	109	essere	inviperire	finire	8	essere
ntestardirsi	finire	8	essere	invitare	amare	5	avere
ntiepidire	finire	8	ess/av	involgarire	finire	8	ess/av
ntimidire	finire	8	ess/av	involgere	~gere	16	avere

verbo (note pag)	modello	pag	ausiliare	verbo (note pag)	modello	pag	ausiliare
irrancidire	finire	8	essere	mancare	~care ~gare	9	avere
irretire	finire	8	avere	mandare	amare	5	avere
irridere	~dere	10	avere	mangiare	~iare (1)	19	avere
irrigidire	finire	8	avere	manomettere	mettere	62	avere
irrobustire	finire	8	avere	mantenere (121)	tenere	102	avere
irrompere (120)	rompere	85	—	marcire	finire	8	ess/av
irruvidire	finire	8	ess/av	meritare	amare	5	avere
iscrivere	scrivere	89	avere	mettere	mettere	62	avere
ispessire	finire	8	avere	migliorare	amare	5	ess/av
isterilire	finire	8	avere	mingere (114)	~gere	16	—
istituire	finire	8	avere	misconoscere	conoscere	36	avere
istruire	finire	8	avere	modificare	~care ~gare	9	avere
istupidire	finire	8	ess/av	mordere	~dere	10	avere
lambire	finire	8	avere	morire	morire	63	essere
lamentare	amare	5	avere	mostrare	amare	5	avere
lanciare	~iare (1)	19	avere	mungere	~gere	16	avere
lasciare	~iare (1)	19	avere	munire	finire	8	avere
lavare	amare	5	avere	muovere (119)	muovere	64	avere
lavorare	amare	5	avere	nascere	nascere	65	essere
ledere	~dere	10	avere	nascondere (119)	nascondere	66	avere
legare	~care ~gare	9	avere	negligere (115)	~igere	21	avere
leggere	~ggere	17	avere	nitrire	finire	8	avere
lenire	finire	8	avere	notare	amare	5	avere
levare	amare	5	avere	nuocere (119)	nuocere	67	avere
liberare	amare	5	avere	obbedire	finire	8	avere
limitare	amare	5	avere	obbligare	~care ~gare	9	avere
liquefare (118)	fare	55	avere	obliare	~iare (2)	20	avere
lucere (113)	credere	6	—	occludere	~dere	10	avere
maledire (117)	dire	43	avere	occorrere (116)	correre	39	essere

verbo (note pag)	modello	pag	ausiliare	verbo (note pag)	modello	pag	ausiliare
occupare	amare	5	avere	permanere (119)	permanere	71	—
offendere (114)	~endere	12	avere	permettere	mettere	62	avere
offrire (119)	offrire	68	avere	perquisire	finire	8	avere
omettere	mettere	62	avere	persistere	~sistere	24	avere
opporre	porre	74	avere	persuadere	~dere	10	avere
opprimere	~primere	23	avere	pervadere	~dere	10	avere
ordire	finire	8	avere	pervenire	venire	109	essere
organizzare	amare	5	avere	pesare	amare	5	ess/av
osservare	amare	5	avere	piacere (119)	piacere	72	essere
ostruire	finire	8	avere	piangere	~gere	16	avere
ottenere	tenere	102	avere	pigliare	~iare (1)	19	avere
ovviare	~iare (2)	20	avere	piovere (119)	piovere	73	ess/av
pagare	~care ~gare	9	avere	plaudere (113)	credere	6	—
parere	parere	69	essere	plaudire	seguire	7	avere
parlare	amare	5	avere	poltrire	finire	8	avere
partecipare	amare	5	avere	porgere	~gere	16	avere
partire	seguire	7	essere	porre (119)	porre	74	avere
partorire (113)	finire	8	avere	portare	amare	5	avere
passare	amare	5	ess/av	posporre	porre	74	avere
patire	finire	8	avere	possedere	sedere	92	avere
pattuire	finire	8	avere	potere (119)	potere	75	ess/av
pendere (113)	credere	6	—	preavvertire	seguire	7	avere
pensare	amare	5	avere	precludere	~dere	10	avere
pentirsi	seguire	7	essere	precorrere	correre	39	avere
percepire	finire	8	avere	prediligere	~igere	21	avere
percorrere	correre	39	avere	predire (117)	dire	43	avere
percuotere (119)	percuotere	70	avere	predisporre	porre	74	avere
perdere (114)	~dere	10	avere	preesistere (115)	~sistere	24	essere
perire	finire	8	essere	preferire	finire	8	avere

verbo (note pag)	modello	pag	ausiliare
prefiggere	~figgere	15	avere
pregare	~care ~gare	9	avere
preludere (114)	~dere	10	avere
premettere	mettere	62	avere
premunire	finire	8	avere
prendere	~endere	12	avere
preoccupare	amare	5	avere
preparare	amare	5	avere
preporre	porre	74	avere
presagire	finire	8	avere
prescegliere	~gliere	18	avere
prescindere (120)	scindere	88	avere
prescrivere	scrivere	89	avere
presentare	amare	5	avere
presentire	seguire	7	avere
presiedere	presiedere	76	avere
prestabilire	finire	8	avere
prestare	amare	5	avere
presumere	~sumere	26	avere
presupporre	porre	74	avere
pretendere	~endere	12	avere
prevalere	valere	107	ess/av
prevedere (122)	vedere	108	avere
prevenire	venire	109	avere
produrre	~durre	11	avere
proferire	finire	8	avere
profondere	fondere	56	avere
progredire	finire	8	ess/av
proibire	finire	8	avere

verbo (note pag)	modello	pag	ausiliare
proludere	~dere	10	avere
promettere	mettere	62	avere
promuovere	muovere	64	avere
propendere (114)	~endere	12	avere
proporre	porre	74	avere
prorompere	rompere	85	avere
prosciogliere	~gliere	18	avere
proscrivere	scrivere	89	avere
proseguire	seguire	7	ess/av
prostituire	finire	8	avere
proteggere	~ggere	17	avere
protendere	~endere	12	avere
protestare	amare	5	avere
protrarre	trarre	104	avere
provare	amare	5	avere
provenire	venire	109	essere
provvedere (122)	vedere	108	avere
prudere (113)	credere	6	—
pubblicare	~care ~gare	9	avere
pulire	finire	8	avere
pungere	~gere	16	avere
punire	finire	8	avere
putrefare	fare	55	ess/av
rabbonire	finire	8	avere
rabbrividire	finire	8	ess/av
racchiudere	~dere	10	avere
raccogliere	~gliere	18	avere
raccomandare	amare	5	avere
raccontare	amare	5	avere

verbo (note pag)	modello	pag	ausiliare	verbo (note pag)	modello	pag	ausiliare
raddolcire	finire	8	avere	regredire	finire	8	ess/av
radere	~dere	10	avere	reinserire	finire	8	avere
raggiungere	~gere	16	avere	rendere	~endere	12	avere
raggranchire	finire	8	essere	repellere	repellere	78	avere
raggrinzire	finire	8	ess/av	reperire	finire	8	avere
rammollire	finire	8	ess/av	reprimere	~primere	23	avere
rannerire	finire	8	ess/av	requisire	finire	8	avere
rapire	finire	8	avere	rescindere	scindere	88	avere
rapprendere (114)	~endere	12	ess/av	resistere	~sistere	24	avere
rappresentare	amare	5	avere	respingere	~gere	16	avere
rarefare (118)	fare	55	avere	restare	amare	5	essere
rattrappire	finire	8	avere	restituire	finire	8	avere
rattristire	finire	8	avere	restringere	stringere	99	avere
ravvedersi (122)	vedere	108	essere	retribuire	finire	8	avere
ravviare	~iare (2)	20	avere	retrocedere (119)	retrocedere	79	ess/av
razziare	~iare (2)	20	avere	riandare (115)	andare	27	essere
reagire	finire	8	avere	riapparire	~parire	22	essere
realizzare	amare	5	avere	riaprire	aprire	28	avere
recensire	finire	8	avere	riassumere	~sumere	26	avere
recepire	finire	8	avere	riavere (115)	avere	29	avere
recidere	~dere	10	avere	ribadire	finire	8	avere
recingere	~gere	16	avere	ribollire	seguire	7	avere
recludere	~dere	10	avere	ricadere	cadere	31	essere
recuperare	amare	5	avere	ricercare	~care ~gare	9	avere
redarguire	finire	8	avere	ricevere	credere	6	avere
redigere (117)	esigere	50	avere	richiamare	amare	5	avere
redimere	redimere	77	avere	richiedere	chiedere	33	avere
reggere	~ggere	17	avere	richiudere	~dere	10	avere
registrare	amare	5	avere	ricominciare	~iare (1)	19	ess/av

verbo (note pag)	modello	pag	ausiliare	verbo (note pag)	modello	pag	ausiliare
ricomparire	~parire	22	essere	rilucere (113)	credere	6	—
ricondurre	~durre	11	avere	rimandare	amare	5	avere
riconoscere	conoscere	36	avere	rimanere	rimanere	83	essere
ricoprire	coprire	38	avere	rimbambire	finire	8	ess/av
ricordare	amare	5	avere	rimbecillire	finire	8	ess/av
ricorrere	correre	39	ess/av	rimboschire	finire	8	ess/av
ricostituire	finire	8	avere	rimettere	mettere	62	avere
ridare (116)	dare	42	avere	rimminchionire	finire	8	essere
ridere (113)	~dere	10	avere	rimordere (114)	~dere	10	avere
ridire	dire	43	avere	rimpiangere	~gere	16	avere
ridurre	~durre	11	avere	rimpicciolire	finire	8	ess/av
riempiere (116)	compiere	34	avere	rimuovere	muovere	64	avere
riempire	riempire	80	avere	rinascere	nascere	65	essere
rientrare	amare	5	essere	rinchiudere	~dere	10	avere
riessere (117)	essere	52	essere	rincitrullire	finire	8	ess/av
rifare (118)	fare	55	avere	rincorrere	correre	39	avere
riferire	finire	8	avere	rincrescere (116)	crescere	40	essere
rifinire	finire	8	avere	rincretinire	finire	8	ess/av
rifiorire	finire	8	ess/av	ringalluzzire	finire	8	ess/av
rifiutare	amare	5	avere	ringiovanire	finire	8	ess/av
riflettere (119)	riflettere	81	avere	ringraziare	~iare (1)	19	avere
rifluire	finire	8	essere	rinsavire	finire	8	ess/av
rifornire	finire	8	avere	rinsecchire	finire	8	ess/av
rifrangere (120)	rifrangere	82	avere	rinunciare	~iare (1)	19	avere
rifriggere	~ggere	17	avere	rinvenire	venire	109	avere
rifuggire	seguire	7	ess/av	rinverdire	finire	8	ess/av
rifulgere (118)	fulgere	57	—	rinviare	~iare (2)	20	avere
riguardare	amare	5	avere	rinvigorire	finire	8	ess/av
rileggere	~ggere	17	avere	ripercuotere (119)	percuotere	70	avere

verbo (note pag)	modello	pag	ausiliare
ripetere	credere	6	avere
riporre	porre	74	avere
riprendere	~endere	12	avere
riprodurre	~durre	11	avere
ripromettersi	mettere	62	essere
riproporre	porre	74	avere
ripulire	finire	8	avere
risalire (120)	salire	86	ess/av
risapere (120)	sapere	87	avere
risarcire	finire	8	avere
rischiare	~iare (1)	19	avere
riscoprire	coprire	38	avere
riscrivere	scrivere	89	avere
riscuotere	scuotere	90	avere
risentire	seguire	7	avere
risolvere (115)	~solvere	25	avere
risorgere	~gere	16	essere
risparmiare	~iare (1)	19	avere
rispettare	amare	5	avere
risplendere (113)	credere	6	—
rispondere (120)	rispondere	84	avere
ristabilire	finire	8	avere
risultare	amare	5	essere
ritenere (121)	tenere	102	avere
ritirare	amare	5	avere
ritorcere (121)	torcere	103	avere
ritornare	amare	5	ess/av
ritrarre	trarre	104	avere
ritrovare	amare	5	avere

verbo (note pag)	modello	pag	ausiliare
riunire	finire	8	avere
riuscire	uscire	106	essere
rivalersi	valere	107	essere
rivedere (122)	vedere	108	avere
rivestire	seguire	7	avere
rivivere	vivere	111	ess/av
rivolgere	~gere	16	avere
rodere	~dere	10	avere
rompere	rompere	85	avere
sacrificare	~care ~gare	9	avere
salire (120)	salire	86	ess/av
saltare	amare	5	ess/av
salutare	amare	5	avere
sancire	finire	8	avere
sapere (120)	sapere	87	avere
sbagliare	~iare (1)	19	avere
sbalordire	finire	8	avere
sbiadire	finire	8	ess/av
sbigottire	finire	8	ess/av
sbizzarrire	finire	8	avere
scadere (115)	cadere	31	essere
scalfire	finire	8	avere
scandire	finire	8	avere
scappare	amare	5	essere
scaturire	finire	8	essere
scegliere	~gliere	18	avere
scendere (114)	~endere	12	ess/av
scernere (113)	credere	6	—
schermire	finire	8	avere

verbo (note pag)	modello	pag	ausiliare	verbo (note pag)	modello	pag	ausiliare
schernire	finire	8	avere	segnare	amare	5	avere
scherzare	amare	5	avere	seguire (113)	seguire	7	avere
schiarire	finire	8	ess/av	sembrare	amare	5	essere
schiudere	~dere	10	avere	sentire	seguire	7	avere
sciare (115)	~iare (2)	20	avere	separare	amare	5	avere
scindere	scindere	88	avere	seppellire (120)	seppellire	93	avere
sciogliere	~gliere	18	avere	servire	seguire	7	ess/av
scolorire	finire	8	ess/av	sfiorire	finire	8	essere
scolpire	finire	8	avere	sfoltire	finire	8	avere
scommettere	mettere	62	avere	sfruttare	amare	5	avere
scomparire	~parire	22	essere	sfuggire	seguire	7	ess/av
scomporre	porre	74	avere	sgranchire	finire	8	avere
sconfiggere	~ggere	17	avere	sgualcire	finire	8	avere
sconnettere	~ettere	14	avere	sguarnire	finire	8	avere
sconvolgere	~gere	16	avere	significare	~care ~gare	9	avere
scoprire	coprire	38	avere	sistemare	amare	5	avere
scordare	amare	5	avere	smaltire	finire	8	avere
scorgere	~gere	16	avere	smarrire	finire	8	avere
scorrere (116)	correre	39	ess/av	smentire	finire	8	avere
scrivere	scrivere	89	avere	smettere	mettere	62	avere
scuocere (116)	cuocere	40	avere	sminuire	finire	8	ess/av
scuotere (120)	scuotere	90	avere	smungere	~gere	16	avere
scurire	finire	8	ess/av	smuovere	muovere	64	avere
scusare	amare	5	avere	snellire	finire	8	avere
sdilinquire	finire	8	avere	socchiudere	~dere	10	avere
secernere (120)	secernere	91	avere	soccombere (113)	credere	6	—
sedere (120)	sedere	92	avere	soccorrere	correre	39	avere
sedurre	~durre	11	avere	soddisfare (118)	fare	55	avere
segnalare	amare	5	avere	soffriggere	~ggere	17	avere

LISTA DEI VERBI ITALIANI

verbo (note pag)	modello	pag	ausiliare
soffrire	offrire	68	avere
soggiacere	giacere	58	ess/av
soggiungere	~gere	16	avere
solere (120)	solere	94	—
sommare	amare	5	avere
sommergere	~ergere	13	avere
sopire	finire	8	avere
sopperire	finire	8	avere
sopprimere	~primere	23	avere
sopraffare (118)	fare	55	avere
sopraggiungere	~gere	16	essere
soprassedere (120)	sedere	92	avere
sopravvenire	venire	109	essere
sopravvivere (122)	vivere	111	ess/av
sorbire	finire	8	avere
sorgere	~gere	16	essere
sorprendere	~endere	12	avere
sorreggere	~ggere	17	avere
sorridere	~dere	10	avere
sospendere	~dere	10	avere
sospingere	~gere	16	avere
sostenere	tenere	102	avere
sostituire	finire	8	avere
sottacere (121)	tacere	101	avere
sottendere	~endere	12	avere
sottintendere	~endere	12	avere
sottolineare	amare	5	avere
sottomettere	mettere	62	avere
sottoporre	porre	74	avere

verbo (note pag)	modello	pag	ausiliare
sottoscrivere	scrivere	89	avere
sottostare	stare	98	essere
sottrarre	trarre	104	avere
sovraintendere	~endere	12	avere
sovrapporre	porre	74	avere
sovrastare	amare	98	avere
sovresporre	porre	74	avere
sovvenire (122)	venire	109	essere
sovvertire	seguire	7	avere
spandere	spandere	95	avere
spargere	spargere	96	avere
sparire	finire	8	essere
spaurire	finire	8	avere
spazientire	finire	8	avere
spedire	finire	8	avere
spegnere (120)	spegnere	97	avere
spendere	~endere	12	avere
spengere	~gere	16	avere
sperare	amare	5	avere
sperdere (114)	~dere	10	avere
spiacere	piacere	72	essere
spiare	~iare (2)	20	avere
spiegare	~care ~gare	9	avere
spingere	~gere	16	avere
spiovere (119)	piovere	73	ess/av
splendere	credere	6	—
sporcare	~care ~gare	9	avere
sporgere	~gere	16	avere
sposare	amare	5	avere

LISTA DEI VERBI ITALIANI

verbo (note pag)	modello	pag	ausiliare	verbo (note pag)	modello	pag	ausiliare
spostare	amare	5	avere	suddividere	~dere	10	avere
squittire	finire	8	avere	suggere (113)	credere	6	—
stabilire	finire	8	avere	suggerire	finire	8	avere
staccare	~care ~gare	9	avere	suonare	amare	5	avere
stare	stare	98	essere	superare	amare	5	avere
starnutire	finire	8	avere	supplire	finire	8	avere
stendere	~endere	12	avere	supporre	porre	74	avere
stingere	~gere	16	ess/av	susseguire	seguire	7	ess/av
stizzire	finire	8	avere	sussistere (115)	~sistere	24	essere
storcere	torcere	103	avere	sussumere	~sumere	26	avere
stordire	finire	8	avere	svanire	finire	8	essere
stormire	finire	8	avere	sveltire	finire	8	avere
strafare (118)	fare	55	avere	svenire (122)	venire	109	essere
stramaledire (117)	dire	43	avere	svestire	seguire	7	avere
stravedere (122)	vedere	108	avere	sviare	~iare (2)	20	avere
stravincere	vincere	110	avere	svilire	finire	8	avere
stravolgere	~gere	16	avere	sviluppare	amare	5	avere
striare	~iare (2)	20	avere	svolgere	~gere	16	avere
stridere (113)	credere	6	—	tacere (121)	tacere	101	avere
striminzire	finire	8	avere	tagliare	~iare (1)	19	avere
stringere	stringere	99	avere	tangere (113)	credere	6	—
struggere	~ggere	17	avere	telefonare	amare	5	avere
stupefare (118)	fare	55	avere	tendere	~endere	12	avere
stupire	finire	8	avere	tenere (121)	tenere	102	avere
suadere (114)	~dere	10	avere	tentare	amare	5	avere
subire	finire	8	avere	tergere (114)	~ergere	13	avere
succedere (121)	succedere	100	essere	tiepidire	finire	8	avere
succingere	~gere	16	avere	tingere	~gere	16	avere
suddistinguere	distinguere	46	avere	tirare	amare	5	avere

verbo (note pag)	modello	pag	ausiliare	verbo (note pag)	modello	pag	ausiliare
togliere	~gliere	18	avere	tumefare (118)	fare	56	avere
torcere	torcere	103	avere	ubbidire	finire	8	avere
tornare	amare	5	essere	uccidere	~dere	10	avere
torrefare (118)	fare	55	avere	udire (121)	udire	105	avere
tradire	finire	8	avere	ungere	~gere	16	avere
tradurre	~durre	11	avere	unire	finire	8	avere
trafiggere	~ggere	17	avere	urgere (113)	credere	6	—
tramortire	finire	8	avere	usare	amare	5	avere
transigere (117)	esigere	50	avere	uscire	uscire	106	essere
trapungere	~gere	16	avere	usufruire	finire	8	avere
trarre	trarre	104	avere	utilizzare	amare	5	avere
trasalire (120)	salire	86	ess/av	vagire	finire	8	avere
trascendere (114)	~endere	12	ess/av	valere	valere	107	essere
trascorrere (116)	correre	39	ess/av	valutare	amare	5	avere
trascrivere	scrivere	89	avere	vedere (121)	vedere	108	avere
trasferire	finire	8	avere	vendere	credere	6	avere
trasfondere	fondere	56	avere	venire (122)	venire	109	essere
trasformare	amare	5	avere	verificare	~care ~gare	9	avere
trasgredire	finire	8	avere	vertere (113)	credere	6	—
trasmettere	mettere	62	avere	vestire	seguire	7	avere
trasparire (115)	~parire	22	essere	vigere (113)	credere	6	—
trasporre	porre	74	avere	vilipendere (114)	~endere	12	avere
trattare	amare	5	avere	vincere (122)	vincere	110	avere
trattenere	tenere	102	avere	vivere (122)	vivere	111	ess/av
travestire	seguire	7	avere	volare	amare	5	ess/av
traviare	~iare (2)	20	avere	volere (122)	volere	112	avere
travolgere	~gere	16	avere	volgere	~gere	16	ess/av
tripartire	finire	8	avere	votare	amare	5	avere
trovare	amare	5	avere	zittire	finire	56	avere

INDICE